Am Rande der Schöpfung

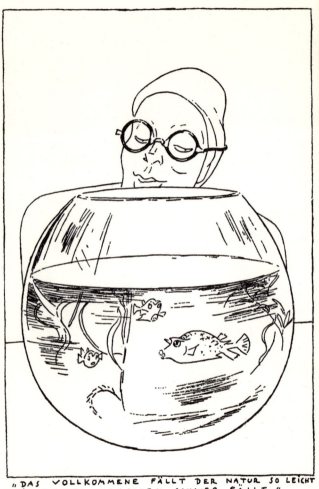

"DAS VOLLKOMMENE FÄLLT DER NATUR SO LEICHT WIE ES DEM MENSCHEN SCHWER FÄLLT."

Peter Bamm

Am Rande der Schöpfung

Deutsche Verlags-Anstalt
Stuttgart

Zeichnung gegenüber dem Titel von Olaf Gulbransson.
Der Prolog auf den Seiten 13–16 stammt aus den
Erinnerungen von Paul Fechter „An der Wende der Zeit".
Mit freundlicher Genehmigung von Frau Sabine Fechter.

1.–100. Tausend 1974

© 1974 Deutsche Verlags-Anstalt GmbH., Stuttgart
Schutzumschlag: Atelier Frick-Kirchhoff, Reutlingen
Gesetzt aus der Monophoto Garamond-Antiqua
Gesamtherstellung: Deutsche Verlags-Anstalt GmbH., Stuttgart
Printed in Germany. ISBN 3 421 01697 6

Ich brauche nur zum Fenster hinaus-
zusehen, um in straßenkehrenden Besen
und herumlaufenden Kindern die
Symbole der sich ewig abnutzenden
und immer sich verjüngenden Welt
beständig vor Augen zu haben.

Goethe zu Eckermann

Inhalt

„Treu, fleißig und nüchtern . . .“
Wie der ehrenwerte Autor Peter Bamm
geboren wurde
von Paul Fechter   13

Anno Dazumal
Die Jochelbeere   17
Erinnerung an eine Kneiferschnur   22
Nachruf auf „Café Bauer“   25
Lob der Drehorgel   29
Verpaßte Tugend   32
Unrecht an Wisenten   34
Verhaftete Weisheit   36
Trauer um Kötzschenbroda   39
Euklid und Buddha   42
Bahnhofshalle in der Mongolei 1928   44
Begegnung im Berlin der Roaring Twenties   52

Streiflichter der Zeit
Old Dark Continent   67
Le Batelier de la Volga   71
Die Räuber   74
Meditationen am Genfer See   77
Träumereien am Schwäbischen Meer   81
Lob des Dienstmanns Numero 3   86

Meeresrauschen im Monsun	90
„Cabin B"	93
Heimkehr	99

Wundersame Ereignisse

Wegerich und Meteor	103
Psychologie der kindlichen Seele	107
Metaphysik des Diebstahls	110
Ein Grabhügel	113
Heldenwäsche	116
Eine Nachricht	119
Sanctus Franziscus in San Francisco	123
Polykrates in Chikago	125
Babylächeln	129

Arabesken des Daseins

Eine galante Überraschung	133
Streitbare Kunst	138
„. . . wo er doch heute kommt!"	142
Spielregeln der Männer	145
Über die Kunst, erbzulassen	150
Rund um Faß und Tonne	153
Harkenjungens	157
Glück im Sommer	161
Weisheit am Angelhaken	165
Schicklicher Abgang	168

Clownerien

Lorbeer für Don Quixote	171
Schicksal mit Frist	177
Die Unentbehrlichkeit der Faulheit	181
Oberflächliche Betrachtung	186

Eine aufgeblasene Realität	190
Prometheusbrüder	193
Zauberei	196
Ein Hauch von Glanz	200
Sprichwörter	203
Tragödie in drei Minuten	206

Am Rande des Nachdenkens

Gruß aus dem Jenseits	211
Via Appia des Fortschritts	214
Schlamm, Dreck und Schmutz	216
Respekt vor Albernheiten!	219
Der elektrische Intellekt	222
Im Zeichen des Mars	225
Der Apfel des Paris	229
Der Katzentatzensatz	233
Tränen in Woronzowka	235

„Treu, fleißig und nüchtern . . ."

Wie der ehrenwerte Autor
Peter Bamm geboren wurde

von Paul Fechter

Eines Tages, ein paar Jahre nach dem Ersten Weltkrieg, ließ sich bei mir auf der Redaktion ein cand. med. Curt Emmrich melden. Es erschien ein schlanker, dunkelblonder junger Mann mit einem witzigen Flair in seinem nicht eben wohlgenährten Gesicht. Ein paar gescheite, lachende Augen sahen mich hellgrau durch eine randlose Brille an. Vor mich auf den Schreibtisch legte er ein Papier, auf dem der Wirkliche Geheime Rat Professor Cornelius Gurlitt in Dresden dem Studenten der Medizin, Curt Emmrich, bescheinigte, daß er treu, fleißig und nüchtern sei. Auf mein fragendes Gesicht hin erklärte cand. med. Curt Emmrich, die Sachlage sei folgendermaßen. Er wolle jetzt hier in Berlin seine klinischen Semester erledigen. Dazu müsse er Geld verdienen. Das könne er aber, wenn er tagsüber klinisch arbeite, nur nachts. Darum wolle er bei der Berliner Wach- und Schließgesellschaft eintreten, im

Grunewald Villen zu bewachen. Der Garantieschein des Geheimrats Gurlitt, dessen Sohn Hildebrand – sein, Emmrichs Freund – mich schön grüßen lasse, genüge dazu allein nicht. Er brauche einen zweiten solchen Schein. Darum komme er zu mir. Von seinen näheren Freunden könne keiner beeiden, daß er, Emmrich, nüchtern sei. Daher habe er sich auf Hildebrand Gurlitts Anraten an mich gewandt, mit dem er sich noch nie betrunken habe.

Ich sah den jungen Mann mit dem lebendigen, lachenden Gesicht ein Weilchen an. Ob er wirklich so viel trinke.

Er nickte. Aus Berufsgründen – ja! Auf mein wiederum fragendes Gesicht hin berichtete er, daß er zur Zeit davon lebe, als Stadtreisender eines älteren Freundes, Oberst a. D. eines preußischen Garderegiments, mit Schnaps zu handeln. Das ergebe immer wieder die Notwendigkeit gemeinsamen Probierens der Ware. Darum wolle er im Interesse seines Studiums wie seiner Gesundheit den Nebenberuf wechseln und zur Wach- und Schließgesellschaft gehen – treu, fleißig und nüchtern.

Der junge Mann gefiel mir. Ich füllte den zweiten Schein, das Duplikat zu dem von Cornelius Gurlitt aus und gab ihn ihm, verpflichtete ihn aber, wiederzukommen und seine Erlebnisse zu berichten.

Cand. med. Curt Emmrich bedankte sich, zog sein Mäntelchen an und wanderte von dannen. Vierzehn Tage später war er wieder da. Sein Versuch war gescheitert. Es gehe eben auf die Dauer doch nicht, tagsüber medizinische Arbeit zu leisten und nachts Villen zu bewachen. So berichtete er. Er müsse auf eine neue Tätigkeit sinnen.

Dann begann er zu erzählen, lebendig, witzig, amüsant. Es war ein Vergnügen, ihm zuzuhören. Schließlich sagte ich: „Halt! Kommen Sie mal mit!"

Er erhob sich artig und folgte mir. Ich setzte ihn in das leere Nebenzimmer, gab ihm Schreibpapier und sagte: „Schreiben Sie auf, was Sie da eben zu erzählen angefangen haben. Wenn Sie fertig sind, bringen Sie es mir herüber."

Eine Stunde später erschien er wieder, ein Manuskript in der Hand. „Wie ich Nachtwächter wurde", hatte er als Überschrift darübergesetzt. Ich nahm es, las es, änderte ein paar belanglose Kleinigkeiten und sagte: „So, mein Lieber! Das werden wir morgen drucken, und da Sie sicher kein Geld haben, weise ich Ihnen das Honorar gleich an. Wollen Sie das Manuskript mit Ihrem Namen zeichnen?"

Er wehrte ab. Das möchte er nicht. Emmrich sei er als Mediziner. So etwas wie dies hier möchte er lieber pseudonym machen. Ob ich denn wirklich meinte . . . ?

Ich lachte: „Ja, ich meine. Ich verlange sogar von Ihnen, daß Sie wiederkommen und mir mehr bringen. Sie sind sehr begabt!" Er wurde, glaube ich, ein bißchen rot. Es kann aber auch die Freude über die Honoraranweisung gewesen sein. Er besah sie immer wieder: „Daß man mit sowas Geld verdienen kann!"

Dann ging er. Wir ahnten beide nicht, daß mit dieser ersten Begegnung der Grund gelegt war für die Laufbahn und die Existenz des später so bekannt gewordenen und viel gelesenen Autors Peter Bamm. Das Pseudonym wurde erst später erfunden, und daran war wieder die Familie des Geheimrats Gurlitt schuld, diesmal allerdings die jüngere Generation. Cand. med. Curt Emmrich wählte sich zunächst ein anderes Pseudonym, ein sehr vornehmes sogar. Er nannte sich Detlev Clausewitz. Als solcher schrieb er eine Menge hübscher, amüsanter Artikel, die ich auch größtenteils drucken konnte – bis eines Tages aus dem Verlag ein geharnischter Protest gegen das unschuldige

Pseudonym erfolgte. Wir berieten hin, wir berieten her, wie wir Detlev Clausewitz ersetzen könnten. Es wurde nichts Rechtes daraus. Nun hatte um jene Zeit Hildebrand Gurlitt, der inzwischen seinen Doktor gemacht und die Museumslaufbahn eingeschlagen hatte, als man ihn zum Direktor der Zwickauer Sammlungen berief, schleunigst geheiratet. Eine reizende junge Tänzerin, die aus dem Mary Wigman-Kreis stammte, hatte sich den Bühnennamen Bambula zugelegt. Sie war das bewunderte Ideal der gesamten jungen Mannschaft, die damals am Feuilleton der DAZ mitarbeitete. Bruno Erich Werner, der zu der Zeit noch die Antiquitätenabteilung von Wertheim in der Bellevuestraße leitete, bevor er den Sprung in den Journalismus wagte, fand sie reizend. Cand. med. Curt Emmrich fand sie bezaubernd, und wer sie sonst noch zu Gesicht bekam, war entzückt von ihr. Der Name Bambula stieg immer von neuem auf, jeden Tag in neuer, strahlender Beleuchtung, so daß ich schließlich, als wieder einmal das Pseudonymproblem erörtert wurde, kurz erklärte, daß ich jetzt genug hätte: ,,Bambula hier, Bambula da! Hängen Sie sich die erste Silbe des geliebten Namens als Pseudonym um den Hals. Sie heißen von jetzt an Bamm, mit Vornamen Peter. So heißt heute sowieso fast jeder. Peter Bamm – das behalten die Leute, und das ist das Wichtigste!''

So wurden der Name und der Autor Peter Bamm geboren. Es dauerte nicht lange, so hieß er auch im Leben nur noch Peter Bamm. Er wurde so angeredet, so gerufen. Sein wirklicher Name geriet fast in Vergessenheit. Man mußte erst nachdenken, ehe man ihn wiederfand. Es dauerte nicht lange, dann genügte es, P. B. zu sagen, und man wußte, wer damit gemeint war.

Anno Dazumal

Die Jochelbeere

Die Wissenschaft hat unser Weltbild einige Male gründlich durcheinander gebracht. Vor wenigen hundert Jahren noch befanden wir uns im Mittelpunkt des Weltalls. Die Sonne ging Morgen für Morgen großartig über der Schöpfung auf. Eines Tages stellten dann die Gelehrten fest, daß die Sonne eine explodierende Gasfabrik ist und Mütterchen Erde eine Art kleiner Tennisball, der mit einer erschreckenden Geschwindigkeit um die Gasfabrik herumsaust. Man konnte das beweisen. Jedermann sah es ein. Einige Humanisten waren traurig. Aber wie könnte man auf Leute Rücksicht nehmen, die der Mathematik keinen Glauben schenken. Das Merkwürdige an der Sache ist, daß, unter völliger Mißachtung der Beweise der Gelehrten, auch weiterhin Morgen für Morgen die Sonne großartig über der Schöpfung aufgeht. Soweit der Chronist sehen kann, sind bislang seitens der Wissenschaft keinerlei Anstrengungen unternommen worden, diesen klaffenden Widerspruch aufzuklären.

Dafür hat die Wissenschaft beträchtliche Anstrengungen unternommen, weitere grundlegende Sachverhalte der Natur zum Umsturz zu bringen.

Im Gewächshaus des Botanischen Instituts in Dahlem hängt an einem Strauch ein Gebilde, das große Aussicht hat, der Ausgangspunkt vielfacher Verwirrungen zu werden.

Jedermann kennt die Johannisbeere und weiß, daß sie eine Frucht ist. Ebenso weiß jedermann, was eine Stachelbeere ist. Die Gelehrten in Dahlem haben sich um den gottgegebenen Unterschied zwischen Johannisbeere und Stachelbeere nicht gekümmert. Sie haben die beiden gekreuzt. Da hängt nun dieses Gebilde an seinem Strauch. Es ist weder eine Johannisbeere noch eine Stachelbeere. Es ist eine Dynamitpatrone der Neuerungssucht.

Die erste Schwierigkeit, die nach Entstehung dieses neuen Früchtchens in Erscheinung trat, war nicht naturwissenschaftlicher, sondern philologischer Natur. Die Frucht am Strauche naturwissenschaftlicher Erkenntnis hatte keinen Namen.

Es ist ein wahres Glück, daß die Dahlemer Forscher in bezug auf Philologie genauso naiv sind wie wir in bezug auf die Dahlemer Forscher. Der Horror vacui ist in der Lexikologie genauso ausgeprägt wie in der Physik. Wenn die Philologen dieses Vakuum entdeckt hätten, hätte es eine Revolution gegeben oder ein Preisausschreiben. Die Dahlemer Forscher sprangen munter wie die Zicklein über diesen klaffenden Abgrund hinweg. Sie unterhielten sich fröhlich über dieses Früchtchen aus eigenen Gnaden und nannten es „Jochelbeere".

Die Dynamitpatrone hat einen Namen. Res acta est! Aber wenn man bedenkt, daß dieser Name eine Kreuzung aus Johannisbeere und Stachelbeere ist, wird klar, daß die Frage sich aufdrängt, ob sie nicht Stachisbeere hätte genannt werden müssen. Das Problem der Stachisbeere ist insofern ein eminent philosophisches Problem, als es erst auftaucht, nachdem es keines mehr ist. Nun könnten wir uns die Jochelbeere munden lassen, wenn es damit sein Bewenden hätte. Aber der „Himbapfel" ist auf dem Marsch. Die „Pfirsine" wird ebensowenig auf sich warten lassen wie die „Birnane".

Die schöpferischen Erfolge der Dahlemer Philologen haben andere nicht schlafen lassen. Dänische Gelehrte haben eine Mohrrübe ergriffen und sie in den gottgegebenen Unterschied von Frucht und Gemüse hineingebohrt. Sie haben die Mohrrübe hochgezüchtet und hinaufentwickelt. Was sie uns jetzt anbieten, ist nicht mehr ein Gemüse, sondern eine saftige, süße und wohlschmeckende Frucht.

Worin der Unterschied von Frucht und Gemüse besteht, ist schwer zu sagen. Gurken wachsen wie Erdbeeren. Gurken sind Gemüse. Erdbeeren sind Früchte. Erbsen wachsen wie Jochelbeeren. Aber Jochelbeeren sind Früchte. Erbsen sind Gemüse. Am Preis kann es nicht liegen. Artischocken sind bedeutend teurer als Kirschen. Ein Bund früher Spargel ist kostbarer als der kostbarste Pfirsich. Die

Gemüse kauft man bei der Gemüsefrau, selbstverständlich. Aber kauft man die Früchte bei der
Fruchtfrau? Keineswegs! Die Gemüsefrau ist uni-
versell und handelt mit beidem. Gewiß, der Apfel
fällt nicht weit vom Stamm. Aber der Kürbis rollt
auch nie weit von seinem Mistbeet hinunter. Daß
Früchte besser schmeckten als Gemüse, kann man
auch nicht sagen. Wer zöge nicht eine Schüssel
Trüffeln einer Schüssel Kirschen vor?

Außer Zweifel nur steht die Überlegenheit der
Frucht gegenüber dem Gemüse in poetischer Hinsicht. Zwar haben Impressionisten und Niederlän-
der einen Blumenkohl mit der gleichen Hingabe
gemalt wie einen Pfirsich. Aber man kann sich
schwerlich vorstellen, daß Paris der Aphrodite als
Preis der Schönheit eine Gurke überreicht hätte.
Die goldene Gurke des Paris – das hätte selbst
Homers Möglichkeiten überstiegen.

Wenn der Apfel des Paradieses eine Kartoffel gewesen wäre, vielleicht hätte sich die Geschichte der
Menschheit anders entwickelt. So haben wir in die
Frucht gebissen und müssen nun das Gemüse mit
krummem Buckel im Schweiße unseres Angesichts
aus Mutter Erde herausbuddeln.

Diese äonenalten Unterschiede sind von den däni-
schen Gelehrten beseitigt worden. Es steht nichts
mehr dem im Wege, weitere Gemüse zu Früchten
hinaufzuzüchten. Sie werden dadurch vor allem
teurer werden. Schließlich steht auch nichts mehr
dem im Wege, Früchte zu Gemüsen hinabzuzüch-
ten. Schließlich werden wir Ananasgemüse mit der
Sense ernten. Die Souveränität der Wissenschaft

über die Natur hat ihre Grenzen noch lange nicht erreicht. Sie wird nicht einmal vor den Vegetabilien haltmachen.

Göttingen ist schon immer eine Stadt voller Merkwürdigkeiten gewesen. Aus den chemischen Laboratorien Göttingens stammen synthetische ätherische Öle, die an Wohlgeruch alle Blumendüfte der Erde weit hinter sich lassen, obgleich es in diesen Laboratorien meistens nur nach Schwefelwasserstoff riecht. Jetzt hören wir, daß Göttinger Gelehrte beauftragt wurden, sich auf dem Gebiet der Edelziege zu betätigen. Die Ziege wird in einem solchen Maße veredelt werden, daß über kurz Göttinger Jünglinge an warmen Frühlingsabenden auf dem Hainberg dem Engel ihres Herzens voller Inbrunst und Poesie als höchste der Zärtlichkeiten ins Ohr flüstern werden: „Meine süße Ziege!"

Selbstverständlich würde keiner von uns auch nur im geringsten erstaunen, wenn dem Stammbaum der gelehrten Göttinger Edelziege eines Tages ein Einhorn entspränge. Das Göttinger Einhorn ist das Wappentier der Zukunft. Wenn wir erst einmal das erreicht haben, können wir die ganze Schöpfung nach unserem Gutdünken gestalten. Falls die Naturwissenschaftler bescheiden nach einem Fachmann suchen, der etwas von der Schöpfung versteht, sollten sie sich unter den Theologen umsehen. Der Dorfpfarrer von Cleversulzbach im Unterland würde ihnen vom Wesen der Schöpfung mehr verraten können, als sie jemals begreifen werden.

Erinnerung an eine Kneiferschnur

Es gibt leichtsinnige Leute, die behaupten, die Welt sei schön. Ich weiß nicht so recht. Da liegt doch überall Papier herum. Und kommt man einmal in eine Gegend, die noch keines Menschen Fuß betreten und noch keines Reporters Feder beschrieben hat, züngeln statt flatternder Papiere Klapperschlangen, und Malariamosquitos schwirren umher. Daß trotzdem so viele Leute behaupten, die Welt sei schön, hat seinen Grund darin, daß man nicht genötigt ist zu begründen, warum man sie schön findet. Lyrik kennt keine Argumente.

Doch werden selbst die leichtsinnigsten Leute nicht behaupten wollen, das Leben sei leicht. Über uns der Vorgesetzte und der drohende Regenhimmel! Unter uns ein zweifelhafter Grund, der zuweilen von unterirdischen Erdbeben erzittert. Wir stehen auf ihm mit einer Sohle, die oft genug ein Loch hat, rings um uns die wilden Bewegungen unserer Mitbürger, die um den Platz an der Sonne kämpfen, selbst dann noch, wenn sie gar nicht scheint. Wer hätte nicht in diesem Fight schon so manchen Uppercut einstecken müssen? Wer wäre nicht schon einmal auf dem gefährlichen Asphalt des Daseins hingeschliddert, um fürderhin mit zerbrochener Kniescheibe seines Lebens Last durch die von so vielen für so schön gehaltene Welt zu humpeln? Greif nur hinein ins volle Menschenleben, und wo du's faßt, da hast du dich verbrannt. Wer sänke nicht, wenn die Parze ihn so sieben, acht, neun Dezennien lang eifrig und mit Sachkenntnis ge-

schunden hat, gern, das Zeitliche segnend, ins Grab.
Die Schule des Lebens ist keine reine Freude, aber
das Leben in der Schule war es auch nicht. Wenigstens nicht in jenen grauen Vorzeiten, als wir noch
unter dem lateinischen Aufsatz seufzten und das
Extemporale seine grauen Schatten auf das heitere
Land unserer freien Mittwochnachmittage warf.
Wie habe ich manchmal geflucht mit Flüchen, die
ich von der Köchin gelernt hatte, die sie ihrerseits
von einem Husaren bezog, der ihr Schatz war und
zu der Sorte gehörte, die man schmuck nennt!
Flüche waren das, von denen ein einziger, bei un-
passender Gelegenheit verwendet, mir das Consi-
lium abeundi eingebracht hätte.

Unvergeßlich geblieben ist mir der weißhaarige alte
Herr mit dem wehenden Bart, den wir „Kentaur"
nannten. Er trug eine Brille und dazu immer noch
einen Kneifer. Die Kneiferschnur lief übers linke
Ohr zum obersten Rockknopf und war von einer
seltenen, heute nicht mehr beschaffbaren Güte und
Dauerhaftigkeit. Ich sehe sie noch deutlich baumeln.
An einer Stelle bei Platon kam die Paidophilia vor.
Ein Oberprimaner warnte uns, an dieser Stelle ja
nicht „zu feixen". Man durfte noch nicht wissen,
was Knabenliebe sei. Die Stelle kam. Der milde
Blick des „Kentaur" schweifte besorgt und eindringlich über die Klasse. Keiner zuckte. Wir hatten
einen guten Tag. Das Entzückende an der Sache
bestand darin, daß wir damals wirklich noch nicht
wußten, was Paidophilia war.

Der „Kentaur" hat uns oft gepredigt über die ver-
weichlichte Zeit und auf die großen Vorbilder der

Antike hingewiesen. Er wußte nicht, daß die Helden von Termopylae seine Schüler waren, zerrissene Hosenböden hatten und die Verben auf μ beherrschten. Die Geschichte wird ihm sicher seine Verdienste nicht vorenthalten. Wir aber wollen nicht mehr in das Horn der Einfühlung stoßen. Wir wollen feststellen, daß unsere Pauker uns geschunden haben. Aber wir wollen auch festhalten, daß sie uns erzogen haben. Vor allem, sie haben uns für voll genommen! Sie waren streng mit uns, weil sie uns für ruchlos und anarchisch hielten. Hatten sie nicht recht? Wie ehrenvoll war es für uns, daß sie uns als gefährlich ansahen. Bei alledem ließ der Kodex viele Möglichkeiten offen, Möglichkeiten, die die reiche Phantasie von Knaben in Bewegung setzten, so daß sie frühzeitig sich übten, bei Gittern durch die Stäbe zu schlüpfen oder über den Zaun zu klettern. Welcher Erfolg im Leben geht nicht über einen Zaun!

Sie hatten auch noch den schönen Mut, einen kaputtgehen zu lassen an einem Prinzip, das für die neunundneunzig Anderen vielleicht nicht vergnüglich, aber bekömmlich war. Wir hätten uns die Einfühlung streng verbeten. Wir waren Flegel und wollten nichts anderes sein. Es war sehr schön, ein Flegel zu sein. Flegel ist die heroische Attitude des Knaben. Es ist sein Kampf mit dem Leben. Unsere ehrwürdigen Pauker waren Partner, die die Regeln des Fairplay zuverlässig einhielten. Wir denken freundlich und mit Hochachtung an sie zurück.

Die Knaben von heute, in deren Seelen die Pädagogen sich einfühlen, tun mir leid. Aber vielleicht finden die Knaben die Einfühlung ebenso komisch wie wir die Kneiferschnur und sind Flegel geblieben. Wir wollen es hoffen! Dann mögen sie fröhlich Fußball spielen. Fröhliche Flegel, wenn sie vom Leben gründlich geschunden werden, sind die Zukunft der Nation.

Nachruf auf „Café Bauer"

Die Redaktion meinte, der Nachruf auf das Café Bauer gehöre unter Lokales. Das ist nicht richtig. Er ist viel wichtiger. Er gehört „unter den Strich" auf die zweite Seite. Die Kultur hat wieder ein Loch bekommen. Aber das fällt nicht mehr auf. Sie ist schon ein Sieb.

Ich will meinem lieben Café Bauer ein Denkmal setzen. Ich will ihm den Nachruf halten, damit seine ruhmwürdige Existenz dem Gedächtnis der Nachwelt erhalten bleibt – bis zur Morgenausgabe.

„Café Bauer" Unter den Linden war das Caféhaus schlechthin, sozusagen das Café an sich. Darum wurde es, mit Recht, von einem Poeten im Lied festgehalten:

> „. . . fängst du an beim Café Bauer,
> sagt sie dir, mein Herr, ich bedau'r.
> Bist du am Pariser Platz,
> ist sie schon dein süßer Schatz . . .“

Seinen stärksten Ausdruck fand der Genius loci in den ragenden Marmorsäulen, die so prächtig dastanden und aus Gips waren. Dazu kamen die Spiegel, die die einsame Palme am Büfett hundertfach wiedergaben, und die so freundlichen Sofas, die Generationen auf ihrem Rücken getragen haben, halbverborgen in Nischen, die der Unmoral, wenn auch nicht alles, so doch einiges erlaubten. Mengen von Zeitungen lagen auf Stühlen und Tischen herum. Beflissene Ober in weißen Jacken, die das trauliche Klappern der Löffel, Kannen und Tablette erzeugten, das, gemischt mit dem Stimmengewirr, den Seufzern der Windfangtür, dem Klappen der Billardbälle, dem lebhaften Kommen und Gehen, jene ganz besondere Atmosphäre hervorbrachte, die einem das Gefühl gab, an einer wesentlichen Stelle, an einem Wasserfall des Lebensstromes zu sitzen.

Café Bauer hat niemals den Ehrgeiz gehabt, ein Vergnügungslokal zu sein. Es besaß jene unnachahmliche und unersetzliche Neutralität der Atmosphäre, die es gleich geeignet machte zum Treffpunkt wie zum Zufluchtsort, zur Bühne wie zum Zuschauerraum.

Da saßen sie, die Junggesellen und die Damen der Nacht mit den Bella Donna-Augen, dissoziiert wie Atome, die ihre Valenzen noch nicht aneinander abgesättigt haben. Da zwitscherten die Liebespaare, froh in dem sicheren Gefühl des gegenseitigen Besitzes, im Winter froh auch der Garderobeständer, die so gute Sichtdeckung boten.

Die Zeitungsleser verschanzten sich hinter Papierbarrikaden, zur Abwehr, zur wirkungsvollen Abwehr gegen jeden Versuch, eines der geliebten Raschelblätter zu entführen. Die Zeitungsleser teilten sich in zwei Klassen. Zur ersten gehörten die „Vollstän-

digen", die ein Blatt vom Titel bis zum verantwort-
lichen Redakteur lasen. Sie waren etwas feige. Sie
hatten Angst, den Zusammenhang zu verlieren,
wenn sie etwas übersahen. Wären sie gezwungen
gewesen, einen Tag auszusetzen, sie wären daran
zugrunde gegangen. Die zweite Klasse waren die
Kurshyänen. Sie lasen nur den Börsenbericht. Aber
den lernten sie auswendig und rechneten sich aus:
„Wenn ich gestern Adler und Co. verkauft und
A. E. G. gekauft hätte . . ." Aber natürlich kam es
immer anders, als sie dachten. Diese Leute waren
manchmal genußsüchtig und lasen noch das Feuilleton. Mehr nicht!
Dann saßen da auch Provinzler, die „Weltstadt"
sehen wollten. Vom Boy bis zum Billardqueue, von
der Pauke bis zur Büfettmamsell sogen sie, wie
Schwämme, die Phänomene in sich ein, damit sie
zu Hause etwas zu erzählen hätten.
Die wichtigsten Gäste waren die Intellektuellen.
Ihnen war das Caféhaus das Zuhause. Sie waren es,
die das Leid ihres Bewußtseins vom Untergang des
Abendlandes auf allen Stirnen geschrieben trugen
und es gern in alle Marmorplatten einritzten. – Zu
ihnen gehörte ich . . .
Sie alle werden nun vertrieben. Sie werden verstreut
in alle Winde. Sie werden keinen Platz mehr haben,
wohin sie ihre Groschen tragen können. Sie alle
werden unglücklich sein.
Warum mußte es untergehen, das liebe Café Bauer?
– Zugrunde gegangen ist es am Mokka. In der Zeit,
als noch niemand darüber nachdachte, daß Kaffee in
Schiffsladungen an der Hamburger Börse gehandelt

wird und einen Sachwert darstellt, sagte man nur: „Einen Café, Herr Ober! Bitte!" Ich sagte immer *Herr* Ober! Für mich waren sie auch damals schon Menschen. Man bekam eine Tasse Kaffee, ein Silberschälchen mit Zucker, ein Kännchen mit Milch und ein Glas Wasser dazu. Alles für fünfundzwanzig Pfennige. Und der Kaffee war gut. Man gab einen Sechser Trinkgeld. Das waren zwanzig Prozent! Man war Stammgast und ein Herr, und der Chef begrüßte einen mit jener Mischung aus Vertraulichkeit und Ergebenheit, die nur Spitzenkönner der Profession vollendet darzustellen vermögen.

Heutzutage muß man sagen: „Eine *Tasse* Kaffee, Herr Ober, bitte! Keine Portion!" Sonst bekommt man Mokka, der mit dem Café von früher wesentlich nur noch Farbe und Temperatur gemeinsam hat. Man hat nur die Wahl, „geneppt" zu werden oder ein „schofler" Gast zu sein. Darum blieb man schließlich weg. Nun wird für den „Mokka" ein neues pompöses Gehäuse errichtet.

Das Café Bauer wird weiterleben. Aber es wird anders sein – schöner und prächtiger und teurer und langweiliger. Jenes Café Bauer, in dem so viele Seelen ihren Abendfrieden fanden, in dem so viele Romane begonnen und geendet haben, in dem über so viele Dinge so eifrig geredet worden ist, in dem der Café nicht so heiß getrunken wurde, dieses Café Bauer hat seinen Geist aufgegeben.

Ich jedenfalls weiß nicht, wo ich abends extemporieren soll. Es wird mir nichts anderes übrig bleiben, als meine Abendzeitung in der Staatsbibliothek zu lesen. Und da darf man nicht rauchen!

Lob der Drehorgel

Der Mensch von heute glaubt nicht mehr an Götter. Wenn der Wintersturm schaurig an unseren Wohntürmen rüttelt und die Radioantennen auf die Straßen knallen, fürchtet er sich zwar, aber er weiß nicht, vor was. Dafür hat er sich mit Götzen eingedeckt, denen er Hekatomben opfert. Der am höchsten verehrte Götze des modernen Menschen ist der Verkehr.

Die Bedeutung des Verkehrs beruht auf der allgemeinen Meinung, daß, wenn man von irgendwoher irgendwohin gelangen möchte, das schnell gehen müsse. Das natürlich ist ein Vorurteil. Man täte besser, die allgemeine Maxime aufzustellen, daß das langsam gehen müsse. Was das Leben ausmacht, sind nicht die Ziele, sondern die Wege zum Ziel. Ein Mensch von Verstand kann über ein erreichtes Ziel wahrhaftig nur melancholisch werden. Muß er sich doch alsbald ein neues suchen. Er ist und bleibt ein Sisyphos.

Wenn man sich überlegt, wann die Leute langsam gehen, entdeckt man, daß Schnelligkeit eine Minusvariante des Lebens ist. Langsam gehen die Leute, wenn sie fromm sind und wenn sie verliebt sind, in den beiden Zuständen also, die allein den Himmel darüber trösten können, daß er sich so herrlich über der Erde wölbt.

Ein Leben lang ist der Herr Generaldirektor mit dem Super-Expreß, seinem Sportwagen und dem Flugzeug durch sein Dasein gebraust. Wenn er zu Grabe getragen wird, kann jedes alte Weiblein hinter ihm herhumpeln. Er muß sich glücklich schätzen, wenn überhaupt ein altes Weiblein sich einfindet, für seine schnelle Seele zu beten. Schnell fährt die Seele nur zur Hölle. In den Himmel geht sie ein, langsam und würdig. Die Teufel rennen. Aber die Engel? Hat man schon Engel rennen sehen? Irgendein junger Mann hält den Weltrekord über hundert Meter. Aber wenn er mit Recordina am Arm das Glück auf stillen Wiesenpfaden sucht, wird er dann nicht der Langsamste der Langsamen sein. Wie kostbar sind die Umwege! Zögern sie doch den unvermeidlichen Punkt des Abschieds hinaus! Die gerade Linie ist die kürzeste Verbindung zwischen zwei Punkten, Grund genug, sie zu verachten?

Zuweilen sieht man Leute an Haltestellen ungeduldig werden. Sie können es durchaus nicht erwarten, daß der Omnibus kommt. Sie können es durchaus nicht erwarten, ihrem Grabe wieder um zehn Minuten näher zu sein. Wenn man ihnen androhte, erschossen zu werden, wenn der Bus um die Ecke biegt, wie köstlich würden diese zehn Minuten ihnen erscheinen. Sie sehen nicht, daß auf dem Bus auch ihr Sarg ihnen entgegenfährt. Sie eilen, sie eilen, von morgens bis abends, ein Leben lang. Und wenn es vorbei ist, sind sie mit nichts fertig geworden. Nur wer warten kann, dem wird seine Weile lang, ohne langweilig zu werden.

So haben auch die öffentlichen Verkehrsmittel seit langer Zeit die Abschiedsküsse wegen Verkehrsbehinderung untersagt. Sie fahren an der Zärtlichkeit vorbei. Wozu soll man Abschied nehmen, wenn man nicht einmal einen Kuß dafür bekommt?

Seien wir langsam! Verachten wir den Verkehr! Der Tanz um die goldene Ampel ist nur dann erfreulich, wenn man ihm zusieht. Auch das Denken vollführen die Leute zu schnell. Computer sind schnell. Gute Gedanken sind langsam. Wenn ein Mann sich morgens im Eiltempo rasiert und in die linke Backe schneidet und auf einmal dringt in seine Seele hinein der Klang einer Drehorgel, beginnt sein Gilette alsbald sanft zu gleiten. Die rechte Backe bleibt intakt. So nützlich ist Poesie.

Was alles ist schon über uns hinweggerollt im Laufe dieses bewegten Jahrhunderts! Die Orgelmänner sind geblieben. Sie kämpfen um die Reinheit ihres Berufes. Die Reinheit ihres Berufs kann natürlich niemals die Reinheit ihrer Orgel sein. Eine Drehorgel, die nicht wenigstens ein wenig quietscht und bei der nicht wenigstens ein paar Töne fehlen, ist allenfalls ein Apparat für Schallwellen. Niemals könnte er Gefühle erzeugen. Das gerade ist das Wesen der Drehorgel. Sie quetscht nicht nur Töne aus ihrem Balg, sondern auch Gefühle aus dem unseren.

Noch immer gibt es Oasen, in denen die Hast des 20. Jahrhunderts vom Zauber einer Drehorgel umgaukelt wird. Sie spielt all die Lieder, die schon unsere Jugend begleiteten. Wem sollten diese Lieder nicht gefallen?

Schenken wir dem Orgelmann ein Silberstück. Es fällt tief in den Schacht unserer Erinnerungen hinab. Der Dank, den der Orgelmann uns freigebig spendet, steigt in den Himmel empor, langsam, ein bunter Ballon der Poesie.

Verpaßte Tugend

Auf Grund des § 22 des Gaststättengesetzes hat der neue Polizeipräsident von Berlin ein Dutzend Nachtlokale im Westen Berlins geschlossen. Man kann da nur, wie Kaiser Augustus an einem entscheidenden Punkte seines Lebens, sagen: „Applaudite amici. Comoedia est finita!" Jeder tugendhafte Bürger wird von einem Gefühl hoher Befriedigung ergriffen, wenn er sieht, wie das Laster mit der Wurzel ausgerottet wird.

Für den Chronisten war das Ereignis ein schwerer Schlag. Nicht etwa, weil er zu wenig Tugend hatte und vielleicht ohne diese Lasterhöhlen nicht auskommen könnte. Nein, vielmehr, weil er – der Venus Pandemos sei's geklagt – zu viel Tugend in einer bisher so lasterhaften Zeit gezeigt hat. Als der Chronist die Liste der geschlossenen Lokale überprüfte, stellte sich heraus, daß er kein einziges von ihnen kannte.

Das ist bitter. Warum das so bitter ist, liegt an den merkwürdigen Eigenschaften, die der Tugend zukommen. Die vortrefflichste Definition der Tugend findet sich bei unserem großen klassischen Moralisten Wilhelm Busch. Da steht zu lesen:

„Das Gute, dieser Satz steht fest,
Ist stets das Böse, das man läßt."

Aus diesem Axiom läßt sich ohne Schwierigkeit der Lehrsatz ableiten, daß, wenn man die Tugend üben will, man eine gründliche Kenntnis der Laster haben muß, welche man zu lassen hat. Wir dürfen uns da mit Fug auf die größten Beispiele der Geschichte

32

beziehen. Sogar bei den Kirchenvätern finden wir einen glänzenden Fall von Tugend, die auf dem steinigen Wege über die Kenntnis des Lasters erworben wurde.

Der Chronist darf sich freimütig rühmen, auf dem Gebiet des Lasters ein erstklassiger moralischer Fachmann zu sein. Mit sittlichen Schauern ist er durch das Yoshiwara von Yokohama geschritten. Mit Abscheu nahm er Notiz von den Abirrungen vom Wege der Tugend, die man an so berüchtigten Plätzen wie Tampico oder Port Said zu bemerken nicht umhin kann. Er könnte sogar Orte im eigenen Vaterlande nennen, die man bislang nur mit zitternden Lippen auszusprechen wagte. Jetzt kann man sie sich nur noch einander zuschweigen.

Es sei darauf verzichtet, diese Plätze zu nennen, um eine Obrigkeit, die ohnehin aufs äußerste angespannt ist, nicht noch mit neuen Problemen zu belasten. In Berlin freilich war die Obrigkeit selbst einem gewitzten Fachmann um Längen voraus.

Ewig nun wird meine Tugend dieser zwölf Lokale ermangeln. Niemals mehr werde ich Gelegenheit haben, die unbekannten Laster dieser verruchten Höhlen zu studieren. Ich werde das Böse, das ich zu lassen habe, nicht kennen. Wenn meine Seele gefährdet ist, muß ich auch dafür die Verantwortung der Obrigkeit aufbürden.

Wahrhaftig, sie hat es nicht leicht! Der schlichte Bürger, sofern er sich mit Tugend befaßt, hat auf gar nichts weiter zu achten, als daß er sie selber übt. Die Obrigkeit, sofern sie sich mit Tugend befaßt, hat darauf zu achten, daß andere sie üben.

Für einen Menschen von Geschmack wäre es eine unerträgliche Situation, darauf achten zu müssen, daß andere Tugend üben. Tatsächlich ist das ein vordringliches Merkmal des Puritaners, den man, um das Fremdwort zu vermeiden, den Säuberer nennen müßte. Säuberer können in der Welt fast alles erreichen. Die Tugend selbst zu üben, kommt den Menschen hart an. Man findet für die Ausübung der Tugend in der Weltgeschichte nur wenige Beispiele. Die Menschen nennen die, so die Tugend selber übten, Heilige und preisen sie hoch. So unerreichbar ihnen das Leben der Heiligen erscheint, sind die Menschen doch auf eine seltsam närrische Weise in die Tugend verliebt. Man bringt immer leicht eine Menge zusammen, die sich energisch dafür einsetzt, daß irgend jemand anders tugendhaft sein solle. Je weniger die Menschen sich fähig fühlen, Heilige zu werden, um so leichter sind sie davon zu überzeugen, daß andere welche werden müßten. So können Säuberer fast alles auf der Welt erreichen, außer daß sie selber tugendhaft werden.

Es gibt nur eine Tugend, die, wenn auch nur mühsam, für jedermann im Alter erreichbar ist. Es ist die Weisheit. Weisheit ist ohne Leidenschaft.

Unrecht an Wisenten

Die Wisentherde des Fürsten Pless ist vom polnischen Finanzamt gepfändet worden. Es ist nicht Sache des Chronisten festzustellen, ob der Fürst von

Pless das verdient hat. Sicher ist nur, daß die Wisente es nicht verdient haben. Seit Tausenden von Jahren trotten die Wisente durch die dunklen Wälder des Nordens. Im Jahre 1934 klebt man ihnen einen Kuckuck auf den Schwanz.

Uns bewegt dabei nicht so sehr die juristische, als vielmehr die scholastische Seite der Angelegenheit. Wisente als Kreaturen der Schöpfung gehören nicht allein dem Fürsten Pless. Sie gehören auch dem Himmel. Werden durch den Pfändungsbefehl des Finanzamtes die Wisente nunmehr auch dem Himmel weggenommen? Und wie verhält sich der Teufel dazu? Was dem Himmel nicht gehört, das nimmt sich die Hölle. Das Finanzamt scheint eine Instanz zu sein, die in der Mitte zwischen Himmel und Hölle steht.

Möglicherweise wird der Fürst Pless seine Schulden bezahlen. Dann werden den Wisenten die Kuckucke wieder abgerupft. Die Wisente gehören dann wieder dem Fürsten Pless. Aber wird auch der Himmel sie wieder haben wollen? Wird der Himmel aus den Händen des Finanzamtes zurücknehmen, was ihm seit Aeonen gehörte, ohne daß er jemals Steuern dafür bezahlte?

Wenn der Fürst Pless nicht bezahlt, was wird das Finanzamt mit den Wisenten anfangen? Wisente werden unerhört im Preis fallen. Die Nachfrage ist ohnehin nie besonders groß gewesen. Vielleicht werde ich mir dann einen Wisent kaufen.

Ich werde ihn trösten über die Schmach, die man ihm angetan hat. Ich werde ihm die Predigten des heiligen Franz von Assisi vorlesen. Dieser fromme

Mann war der Meinung, daß Wisente überhaupt niemandem gehören außer dem Himmel. Wir werden uns über die Möglichkeiten der Freiheit in erhabenen Gesprächen unterhalten.

Der Chronist ist überzeugt, daß Wisente eine ungemein weiche Schnauze haben und in höchstem Maße sanftmütig sind. So besteht keine Gefahr, daß wir einander überdrüssig werden. Niemals würde ich meinen Wisent dem Zoo schenken. Ich würde das auch schon deswegen nicht tun, weil ich nie eine Möglichkeit hätte, mich selbst dem Zoo zu schenken. Mein Wisent würde es nicht zulassen, daß er etwas vor mir voraushätte.

Will uns dann schließlich und endlich der Teufel holen, reiten wir selbzweit von dannen in die weiten dunklen Wälder des Nordens. In ihrer tausendjährigen Ruhe werden wir uns von der Unbill des Daseins im Dortsein erholen.

Verhaftete Weisheit

Auf der Welt, wenn man genau hinsieht, geht es zu wie in der Kinderfibel. Die Guten werden belohnt. Die Bösen werden bestraft.

Da haben wir zum Exempel einen gewissen Trebitsch-Lincoln. Vom Mitglied des ehrwürdigen Parlaments Seiner Britischen Majestät entwickelte er sich über den Kapp-Putsch in Germany zum Mönch im fernen China. Erst hat er ein wenig Geschichte gemacht, dann ein wenig Abenteuer. Schließlich landete er beim Tao te, auf dem rechten Weg und bei der Tugend des Ostens.

Im Kloster hat schon mancher Zuflucht gefunden, der größere Taten und größere Untaten vollbracht hat als jener Trebitsch. Karl V. hat sein Dasein im Kloster beschlossen. Was dabei auf uns einen so tiefen Eindruck macht, ist das Bild, wie die Majestät an der Pforte des Klosters ihren kaiserlichen Purpur niederlegt. Insonderheit die chinesischen Klöster waren oft in der Geschichte letzte Kapitel der Biographien von prachtliebenden Vizekönigen, furchtbaren Räubern, Kaufleuten mit unermeßlichem Vermögen, berühmten Gelehrten, Heerführern mit weltgeschichtlichen Siegen.

Die Weisheit des Laotse vermag es, auch über die größten Erfolge im Leben hinwegzutrösten.

Jenen Trebitsch freilich hat sie nicht einmal über seine Mißerfolge hinweggetröstet. Die Weisheit hat er offenbar nicht begriffen. Hat man einmal mit einem taoistischen Mönch in einer Einsiedlerklause Tee getrunken, Tee aus den Kräutern des Waldes, weiß man, daß es, ihn an Gelassenheit und Seelenfrieden zu erreichen, vieler Jahrzehnte bedürfte. So obliegt einem nur, entweder aufzustehen und sein Leben lang die Weisheit zu bewundern oder sitzen zu bleiben, um sie ein Leben lang zu erlernen.

Jener Trebitsch glaubte, diese Aufgabe in Raten erledigen zu können. Nach fünf Jahren schon kam er zu uns zurück, den Kurfürstendamm zum Taoismus zu bekehren. Der Kurfürstendamm ist ein schöner, rechter Weg, aber mit Tugend hat er nichts zu tun und mit Weisheit schon gar nichts. Auf dem

Kurfürstendamm gedeihen Schlauheit, Gerissenheit und Intelligenz. Gegen Weisheit macht er immun. Wenn es noch Torheit da gäbe, wäre man nicht so besorgt. Mancher Tor schon ist weise geworden. Ein Schlaukopf bleibt auf seinem Stammplatz im Kaffeehaus sitzen, bis sein letztes Stündlein ihn von der Schlauheit erlöst. Von den Erfolgen, die die Schlauen und Gerissenen in dieser unserer Welt haben, kann nicht einmal die Weisheit des Ostens erlösen. Es sind Erfolge, mit denen man sich nur begraben lassen kann.

Wenn Trebitsch den Fischen gepredigt hätte im Gelben Meer oder den Matjesheringen in der Kantine, es wäre ein verdienstliches Werk gewesen. Was heute noch ein Barsch ist, kann in seiner nächsten Inkarnation schon ein Politiker sein. Wie gut könnte er dann Weisheit brauchen. Aber Trebitsch, der Weise auf Stottern, predigte den verlorenen Asphaltseelen. Sie gingen heim, jeder mit einer kleinen Kaffeetasse voll Weisheit. Sie zeigten sie herum und sagten bedeutungsvoll: ,,Seht hier! Das ist teilweise das ewige Meer.''

Die Rache des Weltalls für diesen Mißbrauch tausendjähriger Ehrwürdigkeiten ließ nicht lange auf sich warten. Der Mönch aus Fernost fuhr nach Köln. Im Hauptbahnhof, angesichts des tausendjährigen Doms, wurde er verhaftet. Warum? Weil er das Britische Reich hatte zertrümmern wollen? Weil er die Deutsche Republik hatte umstürzen wollen? Weil er durch Verbreitung von Weisheit die zu einer geordneten Politik erforderliche Dummheit bedrohte?

Ach nein! Die Welt ist großmütiger, als man denkt. Daß einer sie in Brand stecken will, vergißt man ihm leicht. Trebitsch wurde als Schwindler verhaftet, weil er vor Jahren einer holländischen Dame hundert Gulden schuldig geblieben war. Das Empire hatte ihn vergessen. Die Deutsche Republik hatte ihn amnestiert. Die Dame aus Holland hatte sich's gemerkt. Trebitsch-Lincoln, der Weise aus dem Osten, muß brummen um hundert weltlicher Gulden willen.

Was wird der Abt seines Klosters dazu sagen? Ich glaube, da hätte selbst Laotse gelächelt. Wenn man in die Weisheit durchbrennt, muß man seine Schulden bezahlen. Jeder findet seinen Halys. Als Trebitsch-Lincoln den Rhein überschritt, hat er einen großen Bluff zerstört. Gepriesen sei die energische Dame aus Holland, die mit hundert Gulden, die sie nicht hatte, zwei Kontinente von einer Weisheit befreite, die keine war.

Trauer um Kötzschenbroda

Von der Karte ist ein Ort verschwunden, der auf unserem Kontinent einen hohen philosophischen Rang hatte. Dieser Ort ist nicht durch Lava verschüttet worden. Er hat, sozusagen, Selbstmord begangen. Kötzschenbroda ist nicht mehr! Die Kötzschenbrodaer haben beschlossen, nicht mehr länger Kötzschenbrodaer zu sein. Sie haben sich selbst aufgegeben und sich mit Radebeul vereinigt.

Die Bedeutung Kötzschenbrodas für das europäische Ganze ist mit den Mitteln eines platten Rationalismus nicht festzulegen. Dem Sächsischen haftet etwas Chthonisches an. Gewiß, es gibt noch die Babisnauer Pappel. Es gibt noch Kamenz und Gottleuba, und Radebeul ist sogar noch größer als vorher; aber in Kötzschenbroda hatte sich der Genius der sächsischen Sprache selbst ein freilich vergängliches Denkmal gesetzt.

Vor einigen Wochen konnten wir einer Diskussion folgen, die sich um das Sächsische drehte. Da hatte einer die überraschende Meinung von sich gegeben, daß der König von Sachsen verhöhnt worden sei, weil behauptet worden war, er hätte Sächsisch gesprochen. Wie sehr heißt das, diesen König mißverstehen. Wir Sachsen haben mit großem Interesse verfolgt, wie es Nord- und Westdeutsche waren, die uns verteidigten. In der Tat, die anderen haben es nötig, uns zu verteidigen. War Luther nicht Sachse? Waren Leibniz und Lessing nicht Sachsen? Waren Nietzsche, Carl Gustav Carus und Karl May nicht Sachsen?

Zugegeben, wir haben uns ein wenig verausgabt. Aber niemand wird bezweifeln wollen, daß es der Dialekt, daß es die Volkssprache ist, aus deren Humus die Sprache der Dichtung wächst. Der aus dem sächsischen Sprachkreis stammende Luther hat unsere hochdeutsche Sprache geschaffen. Nun ist der Boden müde und das Sächsische ein wenig gewöhnlich geworden. Aber sind Shakespeares Dramen weniger wert, weil sie auf fröhlichen Jahrmärkten gespielt wurden?

Immerhin sind wir in der Pause der Erholung, die wir unserem sprachschöpferischen Genie nach der Konsolidierung des Hochdeutschen schließlich gönnen durften, durchaus nicht faul gewesen. Unsere Landsleute Bach, Schumann und Wagner haben derweilen etwas für die Musik getan.

Ihr alle dürft ruhig über das Sächsische lachen. In den tiefen Katakomben der sächsischen Seele lagern die goldenen Schätze eurer Zukunft. Unseren König haben wir deshalb so geliebt, weil er stolz genug war, die Sprache seines Volkes zu sprechen. Wie wir ihn dann begraben haben, standen Hunderttausende seiner trauernden Landeskinder an seinem letzten Wege, eine Ehrung, die so leicht einem Herrscher nicht zuteil wird.

Nun ist in seinem Reiche die Zinne von Kötzschenbroda eingestürzt. Aber sie hat nur eine neue Katakombe unter sich begraben. Wir wissen noch nicht, welche Schätze aus dieser Katakombe später einmal ans Licht der Sonne treten werden. Schon haben sich in Radebeul merkwürdige, aber bedeutsame Veränderungen vollzogen.

Eine Gesellschaft in Radebeul versendet ein neues Heilwasser. Es besteht aus einem Teil natürlichen Meerwassers und neun Teilen Wiesenwasser, an sonnigen Tagen geschöpft. Hier kündigt sich ein Umbruch der Heilkunst an. Hab' Sonne im Magen! Apollon in Radebeul sammelt die Sonne von den Sächsischen Wiesen. Wenn das Geschäft einschlägt, werden alle Leute Sächsische Sonne trinken. So wird das Ende Kötzschenbrodas zu einer weiteren Verbreitung von Sonne über die Erde führen. Diejenigen aber, die glauben, darüber lachen zu dürfen, sollen angehalten werden, Sächsisch zu lernen. Dann wird das Lachen ihnen vergehen. Es ist eine der tiefsinnigsten und schwersten Sprachen der Welt.

Euklid und Buddha

Englische Flieger haben eine Expedition ausgerüstet, den Mount Everest zu überfliegen. Bevor sie in den Himmel aufstiegen, streute der Oberlama des Klosters, von dem aus sie starteten, Reis, um die Berggötter günstig zu stimmen. Es ist nicht ohne Reiz und nicht ohne Nutzen, sich diese Szene deutlich vor Augen zu halten. An dieser Stelle schneiden sich zwei Kurven, die weit aus der Geschichte der Menschheit herkommen, weit aus den Jahrtausenden, um sich in der Zündkerze eines 300-PS-Rolls-Royce-Motors zu schneiden. Als Prinz Gautama die Erleuchtung kam, daß die Welt durch Leiden erlöst werden müsse, als Euklid über die Trigonometrie nachdachte, ahnten beide nichts davon, daß sie an dem Tage, an dem der höchste Berg der Erde überflogen werden sollte, einander gegenüberstehen würden, Buddha als wiedergeborener Oberlama, Euklid als englischer Flugzeugkapitän. Sowohl Kultur als Zivilisation sind Bemühungen des Menschen, das Risiko des Lebens erträglicher zu gestalten. Die Kultur bemüht sich um das Jenseitige im Menschen. Mit der Zivilisation verlängern wir unser Leben, indem wir es uns sicherer, angenehmer, komfortabler machen.

Kultur hat auf Leben niemals Rücksicht genommen. Sie hat es verbraucht und verschwendet. Wenn Zivilisation das Ziel hat, Leben wertvoll zu machen, macht Kultur das Leben wertlos um der Ziele willen. Kultur braucht die Welt nicht zu beherrschen. Sie will die Seelen beherrschen. Zivilisation will nicht die Seelen beherrschen, sondern die Menschen und ihre Welt.

Euklid hat angefangen, über Trigonometrie nachzudenken. Nun steht in einem tibetanischen Kloster ein britischer Kapitän vor seinem Flugzeug, um das letzte unbekannte Stück Erde zu erobern. Gautama Buddha hat angefangen, über die Seele nachzudenken. Nun steht vor dem wunderbaren 300-PS-Motor ein tibetanischer Priester und betet zu den alten Göttern seines heiligen Berges. Wenn man die beiden Männer einander gegenüberstehen sieht, fragt man sich, welcher von beiden man lieber sein möchte – Lama oder Pilot.

Die Entscheidung wäre schwer zu treffen. Der Chronist möchte sie auch für sich selbst zum weiteren Nachdenken offen lassen. Ob man lieber an Götter glaubt oder an die Wurzel aus π, lieber an Dämonen oder an Bazillen, ist eine Frage des Geschmacks. Für einen Epileptiker zum Exempel ist die Überzeugung, von Dämonen besessen zu sein, angenehmer, als nachgewiesen zu bekommen, daß der ehrenwerte Vater ein Säufer und die Mama imbezill war.

Jene Zeit, in der die Propheten der Technik glaubten, über Reisopfer lachen zu dürfen, haben wir hinter uns. Der britische Pilot hat dem Opfer für die Götter so achtungsvoll beigewohnt, wie es sich geziemt. Auch die Lamas sind Eukliden nähergerückt. Sie halten eine Zündkerze nicht mehr für reines Teufelswerk.

Chinesen malen den Lokomotiven Augen an, damit sie nicht völlig blind ihren Schienenstrang entlangzuckeln. Diese liebenswürdige Sitte ist nicht ohne feine Ironie für unsere Herren Ingenieure. Tatsächlich! Ihre Maschinen sind blind! Das letzte unbekannte Stück Erde ist erobert. Wir wissen, wie unsere kleine Kugel beschaffen ist. Wir haben Kräfte frei für neue Aufgaben. Vielleicht liegen in einer Verbindung des Shell-Konzerns mit dem Buddhismus noch manche heute noch nicht zu übersehende Möglichkeiten verschlossen.

Pilot und Lama – vielleicht ein ironischer Zufall der Geschichte, vielleicht ein Silberstreifen am Horizont der Zukunft!

Bahnhofshalle in der Mongolei 1928

Das Warten hat seine eigenen Horizonte. Die meisten Leute sind dagegen. Wenn aber höhere Gewalten eingreifen und den Menschen daran hindern, aktiv zu werden, soll er selbst dann dem Fingerzeig des Schicksals folgen, wenn er friert. Zollgefühle, Weltpolitik, Romantik des Alltäglichen – das sind die Sensationen der Grenze.

Ich sitze auf dem einen von meinen beiden Koffern und betrachte den anderen. Auf den Kofferschildern leuchten Sonnenaufgänge, Palmen und Paläste. Da ist die Fahne eines Hotels in Genua, wo ich meine Groschen zählte, ob sie noch bis zur Schweizer Grenze reichen würden. Fremde Namen werden sich den altvertrauten zugesellen. Wenn ich einmal in Erfurt umsteigen muß und wartend auf dem Bahnsteig um meine Koffer herumspaziere, wird die Aura des Weitgereisten um mich sein. Die Erfurter Hochachtung wird meiner sächsischen Seele einen unerhörten Genuß bereiten. Kalte Füße in Mandschuria werden durch wärmenden Neid in Erfurt vielfach abgegolten.

Der Sturm braust um die hölzerne Halle, in der ein bolschewistischer Kanonenofen die Luft des mehr nationalistischen China unbekümmert ein wenig mit erwärmt. Das Tief, dessen Randerregungen durch die Ritzen der mit Teerpappe beschlagenen Wände pfeift, stammt aus Kamtschatka. Zweihundert Kilometer weiter im Norden beginnt die Zone des ewig gefrorenen Bodens. Wenige Tagereisen von hier im Südwesten liegt Urga, die Hauptstadt der Mongolei, in der der Baron Ungern-Sternberg sein phantastisches Reich errichtete. Als ein kleiner Dschingis-Khan ermöglichte er eines jener historischen „Wenn . . .", dessen Nachsatz nur Gras ist auf jener Stelle, wo die Exekution der rachedurstigen Revolutionäre an ihm vollzogen wurde. Heute sitzt in Urga ein lebender Buddha und lauscht den Klängen seines Grammophons. Drei Meter neben mir sitzt ein Ingenieur, der kleine Kraftstationen bauen will in Mongolien. Wie werden die Jurten leuchten! Manches wird sich aufhellen, was bis heute dunkel geblieben ist.

Der Mann hat meine Sympathie. Wenn er auch die blasse Kränklichkeit meiner Reflexionen verachtet, ein Schuß russischen Blutes hat ihm etwas von jener Lässigkeit vererbt, die die Welt so verrückt läßt, wie sie ist, und an ihr nichts weiter ändern will als eben die Innenbeleuchtung jener spitzen Fellhütten in der Einsamkeit der Steppe.

Wenn man Elektroingenieur ist, kann man nicht für Düsternis schwärmen. Er setzt mir genau auseinander, warum man keinesfalls Wechselstrom nehmen kann. Bis in mein graues Alter werde ich jedem, der dagegen ist, beweisen können, daß für Jurten etwas anderes als Gleichstrom schwachsinnig wäre. Und selbstverständlich Sechzehnwattlampen! Wenn ich daran denke, daß eine amerikanische Firma dafür Zwanzigwattlampen verwenden wollte, muß ich laut lachen.

Der reisende Elektromann erzählte mir die Geschichte von dem Mann aus Chabarowsk. Der epischen Breite wegen bezogen wir die Kantine, wo destillierte Wärme glasweise gegen geringes Entgelt abgegeben wurde. An den Holztischen hockten chinesische Zollwächter und Rotgardisten eng beieinander. Der Qualm der Pfeifen und Zigarren verschleierte die Enge des Raumes. Man merkte, daß es keine alltägliche Theke war. Der Inhalt ihrer Flaschen floß in die Kehlen von Männern, deren Dasein in seiner Härte und Unbekümmertheit dem westlichen Fremdling Hochachtung abnötigte.

Der Mann aus Chabarowsk war ein Deutscher. Als 1914 der Weltkrieg ausbrach, wurde er von Chabarowsk, das am Unterlauf des Amur liegt, in Ketten nach Norden, nach Jakutien gebracht in die Dörfer der Schwerverbrecher.

Mitten im Winter machte er sich davon und lief – er lief bis in die Mandschurei! Damals hatten die Russen, der Bahn nach Wladiwostok wegen, chinesisches Gebiet besetzt. An der Grenze wurde er auf der einen Seite von den Russen, auf der anderen von den Chinesen beschossen. Zwischendurch spazierte der Mann aus Chabarowsk, beschützt vom Gesetz der Unwahrscheinlichkeit, das Landsknechten so oft freundlich hilft. Schließlich kam er nach Peking. Dort saß er, bis auch da der Krieg gegen die Deutschen ausbrach. Der Mann aus Chabarowsk wollte sich nicht internieren lassen. Dazu war er nicht aus Jakutien nach Peking gelaufen. Er kaufte sich einen gefälschten russischen Paß und fuhr als Kaufmann nach – Irkutsk. Er sagte sich: „Warum soll ich das nicht tun? Ich kann doch Russisch!"

In Irkutsk erstand er in einem Trödlerladen die Uniform eines Offiziers des Chabarowsker Schützenregiments, dessen Verhältnisse er kannte. Der alte Mann in Irkutsk, der ihm die Uniform verkaufte, lieferte ihm dazu einen zur Uniform passenden Militärpaß. Der Paß war echt. Dabei mag weniger erstaunlich sein, daß irgendwo eine leere Uniform mit einem dazugehörigen Paß herumlag, als daß einer sie als Handelsware besaß und auch noch einen Käufer dazu fand. Der alte Trödler in Irkutsk muß ein Genie der Intuition gewesen sein. So kam dieser unwahrscheinliche Handel zustande, der ein für allemal die Behauptung widerlegt, daß das Kaufmännische seiner Natur nach prosaisch sei.

Dann fuhr der frischgebackene Kapitän des Schützenregiments aus Chabarowsk mit seinem russischen Paß an seine, die deutsche Front.

In langen Mühen gelangte er, völlig erschöpft, bei Bjalystok in die deutschen Linien, knapp der Gefahr entgehend, von einer deutschen Patrouille erschossen zu werden.

In einer russischen Offiziersuniform, verlaust, dreckig, abgerissen, mit einem Stoppelbart und der Behauptung, daß er gekommen sei, um seine Dienstpflicht anzutreten, wurde er zum nächsten deutschen Offizier gebracht zum Verhör. Das erste, was er gefragt wurde, war natürlich, woher er komme. Der Mann aus Chabarowsk sagte nur so ganz leichthin: „Aus Peking!"

Nun endlich trat das Wahrscheinliche ein. Der königlich-preußische Oberleutnant sagte nur: „Aus Peking? Das ist Unsinn!"

So wurde der Mann aus Chabarowsk, schwer bewacht, zu höheren Kommandos abgeführt, da er offenbar ein Spion war.

Und so entstand „Der Streit um den Kap'tän aus Chabarowsk". Niemandem ist es erlaubt, etwas gegen den preußischen Oberleutnant zu sagen. Er hatte recht. Keiner hat das freimütiger anerkannt als der Mann aus Chabarowsk selbst, der dem Oberleutnant diese schöne Pointe bis ans Ende seines Lebens, das vor zwei Jahren einem Typhus in Shantung zum Opfer fiel, gedankt hat.

Der preußische Kommiß hat seine eigene Dialektik, von der ein Silberstreifen im Kantinendunst der Bahnhofshalle von Mandschuria sichtbar wurde.

Nicht nur das leuchtete auf, sondern hinter den Tabakswolken eben auch wieder jenes geheimnisvolle Sibirien, in dem noch so viele Männer aus Chabarowsk ihr Leben verbringen.

Sie kämpfen nicht gegen Tarife, sondern gegen Schneestürme. Sie sprechen mongolische Dialekte, die nicht einmal deutsche Privatdozenten verstehen. Sie wissen, wo Gold im Flußsand zu finden ist. Offene Feuer im Walde gehören zu ihren Alltäglichkeiten. Einer sitzt da mit einer zackigen Narbe in der Backe. Ich denke mir – wer könnte mir das, nach so viel Wärme innerlich, verwehren? –, daß ein Wolf ihm dieses Loch gerissen hat, ein Wolf, den er dann mit den Händen erwürgte.

Man kann bei der Fahrt mit der Sibirischen Bahn von Moskau nach dem Fernen Osten tagelang durch das Coupéfenster hinaussehen, ohne etwas anderes zu entdecken als Birken. Im Dunst dieses Bretterverschlags, der in die kalte, windige Zollhalle eingebaut ist als ein Refugium des Behagens, hängen die Gesichter der Männer aus Chabarowsk, braun oder gelb, stopplig, von Wind, Wetter und Krankheiten zerfressen, gezeichnet von unerhörten Schicksalen, die ohne Pathos abgedient werden, als unumstößliche Beweise für die souveräne Natur des Menschen, der den Erdball beherrscht. Über diesem phantastischen Milieu an der Grenze zwischen Rußland und China pendelt die Sechzehnwattlampe, „Made in Germany".

Mannigfache Klingelzeichen vermögen uns nicht zu beunruhigen. Der Elektromann kennt den Betrieb. Er hat die große Ruhe. Zum Schluß müssen wir doch noch im Schneesturm ein Stündchen neben unseren Koffern stehen, bis sie sachgemäß, der Konterbande wegen, durchwühlt sind. Dann stürzen die chinesischen Kulis herbei, ein wild schreiender Haufen. Man hat von ihnen mehr den Eindruck, daß sie mit dem Gilette in die Wüste verschwinden, als daß sie ihn in den neuen Schlafwagen bringen werden. Man sagt sich tröstlich – was täte schon der Kuli mit dem Gilette in der Oase? Obwohl ich nur zwei Gepäckstücke habe, die ich gut allein tragen könnte, gelingt es drei Kulis, sich an dem Transport zu beteiligen. So bringt schon der erste Kontakt mit China eine tiefe Einsicht in soziale Verhältnisse. Arbeit ist Gemeingut des ganzen Volkes und zu wertvoll, als daß man sie nicht sorgfältig verteilen müßte.

Drei Kulis auch stehen dann freundlich grinsend um den Master herum und sehen zu, wie er hilflos mit fremden Scheinen hantiert. Sie sind mit chinesischen Zeichen bedruckt. Der weitgereiste Mann kann sie nicht lesen.

Es ist die Chance der Kulis. Wenn er ihnen dann doppelt so viel gegeben hat, wie ihnen eigentlich zustände, kommen sie nicht auf die schwachsinnige Idee, ihn für nobel zu halten. Sie halten ihn ganz einfach für dumm.

Die freundliche Wärme eines neuen Speisewagens umfängt uns. An den wohlassortierten Papierblumen in den schön stilisierten Vasen merken wir, daß wir dem Land des unerbittlichen Heils der Menschheit entronnen sind. Die Geste der Überflüssigkeit erfreut uns, so lächerlich ihre Ausführung ist. Langsam löst sich auch der Exekutionskomplex. Solange man durch das Land der marxistischen Orthodoxie fährt, wohlgenährt und warm bekleidet, wird man das Gefühl nicht los, daß einen mit den Flinten der Rotgardisten besondere Beziehungen verbinden.

Drüben auf der anderen Seite der Bahnhofshalle steht unser braver Sibirienexpreß, dunkel, leer und kalt. Neun Tage hat er uns als fahrende Herberge gedient. Morgen wird er wieder nach Westen sich in Bewegung setzen. Wir aber rollen von dannen, einem Ort entgegen, der auf den Namen Tsitsikar hört. Sojabohne, Chang Tso-lin und Fantasia, das sind die Phänomene, denen es nunmehr entgegengeht. Von „Fantasia" besonders raunt man sich phantasiatische Dinge zu. Das nämlich ist in Charbin ein Nachtlokal, für es gebaut. Navigare necesse est, zweifellos! Aber Fantasia muß auch sein. Über der kleinen Wüste Gobi schwebt die Traumvorstellung von Jazzband bis vier Uhr früh und einer Wolke aus Zigarettendunst, Colofinas und Parkettstaub – eine Fantasia morgana.

Am nächsten Tag stellt sich heraus, daß die Sojabohne unter einer Sintflut von Überschwemmungen verschwunden ist. Chang Tso-lin, fast Kaiser von China geworden, ist endgültig tot, in die Luft geflogen am Ende einer großartigen und erstaunlichen Laufbahn. Wird nun wenigstens Fantasia halten, was der Name verspricht?

In der Bahnhofshalle in Charbin steht ein verlorener

Altar mit dem Bild der Muttergottes. Seit zehn Jahren haben hier die Russen, die sich der Hölle entflohen glaubten, ihre Dankgebete niedergelegt. Ich weiß nicht, ob es noch irgendwo in der Welt eine Bahnhofshalle gibt, in der neben dem Handgepäck die Muttergottes über den Gläubigen thront. Sie steht am Eingang zu einem schrecklicheren Inferno. Hier, wo die Flüchtlinge glaubten, daß ihr Elend zu Ende sei, hier erst begann es. Das Handgepäck wanderte in die Pfandhäuser. Was vorher den großen Hintergrund abgegeben hatte, der Heroismus des Unglücks, verwandelte sich langsam in die Banalität eines hoffnungslosen Jammers.

Nicht eher wird die Charbiner Muttergottes wieder lächeln, ehe nicht die abgehenden Züge voller sein werden als die ankommenden. Die Pforte zum Inferno wird vielleicht in ferner Zukunft einmal den heimkehrenden Kindern der Vertriebenen der Eingang zum Paradiese sein. Das Handgepäck wird wieder Konjunktur in bunten Bündeln haben. Und vor der Muttergottes wird ein Garten von Lichtern brennen. In einer Bahnhofshalle!

Begegnung im Berlin der Roaring Twenties

Er saß an einem Tisch im Café an der Gedächtniskirche. Es war nichts Besonderes an ihm. Er schien niemanden zu kennen in diesem Café, in dem jeder jeden kennt. Nur der Zeitungsboy, der ihm die

Abendblätter brachte, behandelte ihn mit einer gewissen Hochachtung. Die Leute, die hereinkamen, betrachtete er mit Aufmerksamkeit. Hätte er einmal nach der Uhr gesehen, dann hätte man annehmen können, er warte auf jemanden. Er sah nicht nach der Uhr. Er hatte Zeit. Er betrachtete die Gesichter wie ein Regisseur, der nach Typen für einen Hafenfilm sucht. Man hatte den Eindruck, daß er von jedem, der sein Gesichtsfeld kreuzte, eine Aufnahme machte. Tatsächlich war er nichts weiter als einer von den Geographen, die mit Lichtenberg das menschliche Gesicht für den interessantesten Teil der Erdoberfläche halten.

Er hatte Zeit. Er hatte Zeit wie ein Mensch, der an einer öden Klippe gestrandet ist und über den bewegten Ozean blickt, dem er soeben mit letzter Anstrengung entronnen ist.

Vor zehn Jahren hatte er das erste Mal an diesem Tisch gesessen. Damals war er fünfundzwanzig Jahre alt gewesen. Er war in die große Stadt gekommen mit großen Plänen. Er wollte es zu etwas bringen. Die Ironie der Götter hatte es zustande gebracht, daß er das besser erreicht hatte, als er es jemals hätte erwarten können. Er hatte es zu einer Fülle der gescheitesten Einsichten in die Zusammenhänge des Lebens gebracht. An Bargeld besaß er höchstens noch ein paar hundert Mark.

Damals hatte er zuweilen einem eleganten Auto mit einer schönen Frau am Steuer nachgesehen und sich überlegt, daß er wahrscheinlich auch nicht dümmer sei als der Mann, dem dieses Auto gehöre, und daß er demzufolge begründete Aussichten habe, bald auch selber ein so elegantes, teures Auto zu besitzen. Heute war er sich darüber klar, daß in den eleganten, teuren Automobilen häufiger als schöne Frauen alte Hexen saßen.

Er stammte aus einer guten Familie. Aber er war vier Jahre Soldat gewesen. Das hatte ihn für die bürgerliche Ordnung verdorben. Zudem besaß er zuviel Witz, um nicht über eine wohlgelungene Gaunerei lachen zu müssen. Leider besaß er auch zuviel Geschmack, um nicht von der Schäbigkeit, mit der die großen und kleinen Angelegenheiten dieser Welt gemeinhin erledigt werden, immer wieder verletzt zu sein.

Er betrachtete den weiten Bogen, den er in diesen zehn Jahren zurückgelegt hatte. Es war ihm gelungen, Fuß zu fassen. Während der Inflation hatte er kleine Geschäfte gemacht. Schließlich war das Leben damals eine allgemeine Balgerei, jeder gegen jeden. Man mußte sehen, wo man etwas erwischte. Es gab zwar Leute, die das nicht mitmachten. Er bewunderte sie. Aber um mit Anstand zu verhungern, war er zu jung.

Eines Tages geriet er an einen kolumbianischen Studenten, dem er Deutschstunden gab. Er verdiente in Bolivar. Er war auf einmal wohlhabend. Ein Bolivar war dreißigtausend Mark wert. Erst viele Jahre später erfuhr er, daß Bolivar einer der Befreier Südamerikas war, der da täglich mehr und mehr im Werte stieg. Dann wurde er in einer Bank angestellt. Es war die unterste Stufe der Leiter. Er war entschlossen, sie Stufe für Stufe emporzuklettern, um irgendwann einmal Zutritt zu den geheim-

nisvollen Gemächern zu erzwingen, von denen aus
die Wirtschaft der Welt beherrscht wird. Er war
entschlossen, Karriere zu machen.

Das Mädchen, das diese Karriere unterbrach, war
achtzehn Jahre alt. Sie war bezaubernd. Er hatte sich
in sie verliebt. Manchmal fragte er sich, ob er sie
nur deshalb so entzückend gefunden hatte, weil er
in sie verliebt war. Aber er war auch jetzt noch
überzeugt, daß sie wirklich ein ganz außerordentliches Wesen sei. Er hatte, damals, nur wenig Erfahrung mit Frauen.

Er war der naiven Meinung, daß man, um eine Frau
zu verführen, sie lieben müsse. Natürlich war er zu
nichts gekommen. Um seine Unerfahrenheit zu verbergen, benahm er sich arrogant. Diese Arroganz
bewahrte ihn vor Erfolgen. Hier war er schüchtern
bis zur Lächerlichkeit.

Einige Wochen streiften sie durch den Frühling um
Berlin. Sie gingen ins Kino und lachten zusammen
über die dummen Filme. Er lud sie in billige Knei-
pen ein und verstand es, durch tausend lustige
Einfälle ihren wachen Geist zu entzücken. Sie waren
befreundet wie Kinder. Niemals konnte er sich zu
irgend etwas entschließen. Ein heimliches Gefühl
der Angst, der Angst der menschlichen Seele um die
Zerbrechlichkeit aller Hoffnungen, hinderte ihn.
Wiederum war sein Herz zu voll, als daß er es für
möglich gehalten hätte, diesmal die Götter nicht auf
seiner Seite zu haben. Sein Unglück, wenn er dieses
Mädchen verlor, schien so unermeßlich, daß er es
für ausgeschlossen hielt.

Das unermeßliche Unglück trat ein. Nach einigen

Wochen sah er sie seltener. Der zarte Glanz der heiteren Frühlingstage ließ sich nicht wieder herbeizaubern. Er begann, sein Unglück zu fürchten. Dadurch wurde er nur immer unfähiger, das zu unternehmen, was er hätte unternehmen sollen. Dazu erwachte der Trotz in ihm. Als schließlich die Liebe in einem dieser entsetzlichen Kämpfe, wie sie nur auf den Schlachtfeldern des Herzens ausgefochten werden, seinen Trotz besiegt hatte, war es zu spät. Sie hatte sich verlobt.

Einer war ihm zuvorgekommen, einer, der klüger gewesen war als er. Vielleicht auch nur einer, der schlauer gewesen war als er. Ach, er hatte nicht schlau sein wollen. Er war zu stolz gewesen, um schlau zu sein. Er hatte den Himmel herausgefordert. Er hatte als Geschenk gefordert, was er glaubte, fordern zu dürfen. Er hatte die Schlacht gewagt und hatte sie verloren. Seine Lage war nicht ohne Größe. Die Folgen waren furchtbar. Er erkundigte sich. Es war ein vortrefflicher Gentleman, der ihn geschlagen hatte. Er konnte sogar ruhig annehmen, daß dieser Mann ihm durchaus überlegen war. Auf alle Fälle jedoch war er ihm in dem einen Punkte unterlegen, daß er das Mädchen nicht so liebte wie er. Er kam zu dem Ergebnis, daß das Mädchen den Falschen heiraten werde.

Als er langsam wieder zu sich gekommen war, sah er sich um. Er sah, daß er mehr als eine Schlacht verloren hatte. Das Leben also machte solche Fehler. Man konnte die Erfolge häufen, um dann um den einen Erfolg betrogen zu werden, auf den allein es ankam.

Es hatte keinen Sinn mehr, Karriere zu machen. Ein Narr, wer glaubte, das erreichen zu können, was er sich vorgenommen hatte. Der kommt am weitesten, der nicht weiß, wohin er geht. Das Mädchen? Er kam nicht mit sich ins Reine, was er von ihr denken sollte. Schließlich, was konnte so ein Wesen von der Welt wissen? Sie war achtzehn Jahre alt! Also durfte sie schon Dummheiten machen. Hatte er nicht Dummheiten genug in seinem Leben gemacht? Er erinnerte sich ihres entsetzten Gesichtes, als ihr klar wurde, was für ein Unglück sie in ihrer Unschuld angerichtet hatte. Aber das war nicht das Bild, das er von ihr bewahrte. Wenn er an sie dachte, sah er sie auf einer Wiese liegen, einen Grashalm kauen und neugierig zu ihm aufsehen. Er dachte viele Jahre lang täglich einige Male an sie. Er sah nach der Uhr. Es war dreiviertel zehn. Das Café hatte sich gefüllt. Andere Schiffbrüchige suchten ein wenig Wärme. An seinem Tisch hatte sich ein Mann niedergelassen, der, ein wenig zudringlich, versuchte, ein Gespräch mit ihm anzuknüpfen. Dabei war der Mann noch nicht einmal rasiert.

Er war allein. Die banale Vertraulichkeit des Mannes, der durch wer weiß welchen Zufall an seine Klippe gespült worden war, machte ihm das erst vollends klar. Er war ein Mann, allein auf dieser Welt. Er konnte sich nicht entschließen, darüber sentimental zu werden. In allen Schenken der Erde hatte er viele ausgezeichnete Männer sitzen sehen, die ebenso allein waren wie jetzt er.

Fürwahr, er hatte diese kleine runde Erde kennengelernt. Seinem Bankdirektor hatte er eines Tages anläßlich eines unberechtigten Tadels erklärt, daß er ihn für einen Mann ohne Manieren halte und zudem für einen ungemeinen Dummkopf. Das Gesicht des Mannes war die anderthalb Jahre, die er darauf verschwendet hatte, Karriere zu machen, wert gewesen. Er war auf norwegischen Schiffen als Zahlmeister gefahren. Er hatte auf den Plantagen der United Fruit Company in Westindien viel Geld verdient. Er hatte bei einer mexikanischen Gesellschaft gearbeitet. Er war ein paar Jahre in Kalifornien gewesen und schließlich nach China hinübergeraten, wo er als Cellist im Astorhouse Hotel in Shanghai angefangen und als militärischer Instrukteur im Dienste eines chinesischen Generals aufgehört hatte. Es war ihm eigentlich niemals besonders schlecht gegangen. Immer hatte er im richtigen Augenblick noch eine Möglichkeit gefunden, von der sich, schlecht oder gut, leben ließ. Aber das Geld hielt sich nicht bei ihm.

Überall traf er Männer, die allein waren wie er – weißrussische Offiziere, die vom Waffenhandel lebten und auf den Krieg am Amur hofften, friesische Kapitäne, die mit ihren Schonern die Häfen des Pacific nach Fracht absuchten, englische Kolonialsoldaten, die von den Zeiten Kitcheners und General Gordons erzählten, verschlagene Sachsen, die mit Chinesen und Papuanegern Geschäfte machten.

Er hatte auch Frauen kennengelernt. Er war nicht mehr schüchtern und nicht mehr arrogant. Er hatte gelernt, wie man es machen muß – so, wie man lernt, ein Pferd zu beschlagen, ein Segel zu flicken, einen Blinddarm zu operieren. Er fand die Sache nicht ohne Spaß. Freilich, wenn er an das Mädchen mit dem Grashalm dachte, kam er sich ziemlich albern vor.

Der unrasierte Mann versuchte erneut, ein Tau überzuwerfen. Er wollte sich deshalb schon an einen anderen Tisch setzen. Ihm fiel ein, daß er an eben diesem Tisch schon einmal mit dem Mädchen gesessen hatte. Er wagte es nicht mehr, die Stellung zu wechseln. Eines der dunklen Tabus, von denen das Leben des Menschen unterirdisch erfüllt ist, hielt ihn fest. Er erinnerte sich, wie er dann mit solchen Leuten Gespräche angefangen und mit ernstem Gesicht die lügenhaftesten Geschichten erzählt hatte, und wie sie dann zusammen gelacht hatten über den Dummkopf, der alles geglaubt hatte. Der unrasierte Mann war in Shanghai gewesen. Er blähte sich förmlich im Glanz der Ferne. Seine Bartstoppeln vibrierten wie die Federn eines Pfaus. Aber er hatte keine Lust zu diesem langweiligen Austausch von Gemeinsamkeiten. ,,Kennen Sie den?" und ,,Kennen Sie das?" und ,,Waren Sie einmal in . . .?" Er beschloß schließlich doch, in ein anderes Lokal zu gehen.

Als er die Straße betrat, strahlte der Abend der Stadt in seinem vollen Glanz. Die über der Kaiser-Wilhelm-Gedächtniskirche hängenden Wolken schimmerten rötlich von den zahllosen Lichtern der brodelnden Metropole. Tausend Menschen gingen mit ihm zugleich über den Platz. Er kannte keinen. In den Sandwüsten von Texas oder in einem Kanu auf dem Atlantik hätte er nicht verlorener sein können als in diesem Gewimmel von Ameisen, die

unbekannten und unverständlichen Beschäftigun-
gen nachgingen.

An der Ecke der Nürnberger Straße stand ein alter
russischer Bettler, an dem diese zehn Jahre spurlos
vorübergegangen waren. Sie hatten ihm manchmal
einen Groschen geschenkt, für den er sich mit der
alten schönen Formel bedankte: „Gott segne Euer
Hochwohlgeboren". In seinem ehrwürdigen grauen
Bart sah er aus wie Vater Chronos selber. Er dachte,
daß es eine eines alten Mannes nicht unwürdige
Beschäftigung sei, den Segen Gottes auf Babylons
Straßen zu verteilen.

An der Bar bestellte er einen Whisky. Das Lokal
war eng und rauchig. Die von den aufgeblasenen
Häuten chinesischer Igelfische umhüllten Lampen
verbreiteten ein zerstreutes und angenehmes Licht.
An den Wänden hingen zwischen alten Plakaten die
Fotografien bekannter Schauspieler. Der Mann am
Flügel auf seinem erhöhten Sitz in der Ecke saß
schon unter der Decke. Über seinem Kopf surrte
ein Ventilator, der in seiner verstaubten Blechhülle
wie eine tibetanische Gebetsmühle wirkte. Er spielte
ein altes Lied vom Mississippi, ein Lied klagender
Sehnsucht von Sklaven nach der Freiheit in den
Urwäldern und Steppen Afrikas, plötzlich unterbro-
chen von den Rhythmen irgendeines neuen Schla-
gers. Seine Art, das Klavier zu behandeln, hatte
etwas Souveränes. Es schien, als ob er die Musik
aus irgendeiner unbekannten Dimension herbeizau-
bere. Das erlaubte ihm auch, zwischendurch sich an
einer Fuge zu erfreuen. Er war offenbar ein ganz
hervorragender Musiker. Der Himmel mochte wis-

sen, was ihn in diese Bar verschlagen hatte. Mit Bach und Debussy mischte sich das gedämpfte Gespräch, das Klappern der Gläser und das unvergleichliche Geräusch, das Eis im Schüttelbecher eines Mixers erzeugt. Das Ganze hatte jene Enge und Wärme, die auf geheimnisvolle Weise das Behagen alter Schenken ausmacht.

Das Lokal füllte sich schnell. Er nahm, wie er gewohnt war, jedes Gesicht aufmerksam in sich auf. Inmitten einer größeren Gesellschaft entdeckte er das Gesicht des Mädchens. Er war nicht überrascht. Er war in der ganzen Welt diesem Gesicht immer einmal wieder begegnet. Er versuchte dann stets, die Illusion so lange wie möglich aufrechtzuerhalten, bis irgendeine Geste den Zauber zerstörte. Sie lachte, sie zeigte auf einen Tisch. Der Zauber verflog nicht. Schließlich wurde ihm klar, daß sie es wirklich selber war.

Natürlich! Sie lebte in Berlin. Das hatte er vollkommen vergessen. Er hätte sie schon lange besuchen können. Auf diese Idee war er noch nicht gekommen. Er war wie Orpheus durch die Welt gezogen, den Eingang des Hades zu suchen. Aber Eurydike fuhr mit einem Taxi über den Kurfürstendamm. Wie lächerlich! Er hatte keine Vorstellung davon, was er nun tun sollte. Er nahm Deckung hinter den Gläsern der Bar wie früher hinter dem Schutzschild seines Maschinengewehrs. Vielleicht hatte sie ihn längst vollkommen vergessen oder sie erinnerte sich seiner, wie man sich eines guten Bekannten erinnert. Sie setzte sich glücklicherweise so, daß sie ihn nicht sah, während er sie gut beobachten konnte.

Von den in ihrer Begleitung befindlichen jungen Gentlemen kannte er keinen. Nach längerer Beobachtung kam er zu dem Schluß, daß der Mann, der ihn geschlagen hatte, nicht dabei war. Der Mixer, der sie kannte, da sie öfters die Bar besuchte, bestätigte ihm das.

Zehn Jahre hatte er, ohne daß er sich dessen bewußt gewesen war, auf diesen Augenblick gewartet. Er hatte sich davon einen dramatischen Effekt versprochen. Er hatte die Vorstellung gehabt, sie werde eines Tages erkennen, daß sie eine Dummheit gemacht, daß sie den Falschen geheiratet hätte. Er hatte vergessen, daß sie ja nicht mehr ein Mädchen von Achtzehn war. Sie war eine Frau von achtundzwanzig Jahren. Sie hatte Kinder. Sie hatte eine Stellung in der Gesellschaft. Wahrscheinlich ging es ihr ausgezeichnet. Warum sollte sie es, da er sie als einen Menschen von vortrefflichen Eigenschaften kannte, nicht fertig gebracht haben, selbst mit der Erkenntnis, daß sie einen falschen Start gehabt hatte, das, was zu leisten ihr aufgegeben war, zu leisten? Sie hatte sich wenig verändert. Ihr Lächeln war von dem gleichen bezaubernden Charme, der ihn an ihr immer so unbeschreiblich entzückt hatte. Darüber war er glücklich. In der Einmaligkeit ihrer Erscheinung fand er die Einmaligkeit seiner Gefühle bestätigt. Ein Irrtum lag nicht vor.

Er erwog seine Chancen. Sicherlich war es nicht völlig aussichtslos, sich heute zu holen, was die Götter ihm damals versagt hatten. Er wußte, wie man das versuchen konnte. Er lachte grimmig. Aber es würde nichts weiter sein als ein teuflischer

Triumph, eine Art von Rache, bei der nur er selbst das Opfer sein würde.

Schließlich stand er auf und begrüßte sie. Sie sah ihn erstaunt und überrascht an. Jedenfalls hatte sie ihn sofort erkannt. Sonst konnte er aus ihrem Gesicht nichts entnehmen. Er wurde ihren Begleitern vorgestellt. Die Namen verstand er nicht. Sie saßen, da es an Platz mangelte, eng nebeneinander. Enger noch als die räumliche Nähe verband sie ihr Geheimnis. Niemand von all diesen Leuten ahnte etwas von dem Spiel, das mit blitzschnell wechselnden Szenen zwischen ihnen abzulaufen begann. Er sprach mit seinem Gegenüber. Er merkte dabei, wie sie ihn von der Seite mit jener Aufmerksamkeit betrachtete, die man die Aufmerksamkeit des Herzens nennen könnte. Er drehte sich plötzlich ihr zu, um sie dabei zu überraschen. Sie war schneller als er und fragte etwas. Er warf ein paar Sätze hin, aus denen hervorging, wo überall er sich herumgetrieben hatte. In diesem Augenblick war er wirklich stolz darauf. Und sie, ihm zu zeigen, wie reizend sie seinen Knabenstolz fände, machte einige spöttische Bemerkungen zu den jungen Elegants, die ihr auf noch unbeholfene Weise den Hof machten.

Sie liebte ihn. Daran war nicht zu zweifeln. Einmal berührte er leise ihre Hand, die auf dem Tisch lag. Sie ließ sie, obwohl jedermann das sehen konnte, unbewegt liegen, mit jener Souveränität über die Konvention, die Frauen in ihren großen Augenblicken haben.

Seine Aufregung war unbeschreiblich. Doch hatte er in seinem bewegten Leben die Fähigkeit erworben, in Gefahren niemals den Kopf zu verlieren. Das bewahrte ihn vor unüberlegten Aktionen. Während sein Herz fast stillstand, jagten die Gedanken durch sein Hirn. Wie ein Feldherr auf der Höhe der Schlacht mußte er in einem Augenblick alle Möglichkeiten überblicken, in einem Augenblick alle Entscheidungen treffen.

Ohne Zweifel, die Lage drängte zur Entscheidung. Morgen schon war er wieder, das wußte er, wie ein Schiff mit zerrissenen Segeln im Sturmwind seiner wiedererwachten Leidenschaft. Heute konnte er noch tun, was ihm beliebte. Wiederum, wenn er etwas tun wollte, dann mußte er es heute tun. Die Überraschung ist das sicherste Element des Sieges. Aber war das überhaupt noch eine Schlacht, die er gewinnen wollte?

Er forderte sie auf, mit ihm zu tanzen. Sie tanzten allein. Der Mann am Flügel, der in der Welt seiner Schwingungen für Signale empfänglicher war als andere Menschen, schien etwas davon zu ahnen, zu was für einem Tanz er aufspielte. Er hüllte sie in eine Wolke von Klang, die sie völlig von der Umwelt abschied. Er war niemals ein besonders guter Tänzer gewesen. Er tanzte wunderbar. Die Harmonie ihrer Bewegungen hätte nicht vollkommener sein können. Während er sich darüber klar wurde, daß sie beinahe jedem seiner Gedanken gefolgt war, legte sich seine Erregung. Das Jahrzehnt, das sie getrennt hatte, war versunken. Sie waren beide vollkommen glücklich. Sie tanzten. Der Mann am Flügel ging zu einer anderen Melodie über. Bei den ersten Tönen schon bemächtigte sich seiner eine von Schritt zu Schritt wachsende Traurigkeit. Er kannte dieses Lied. Es war das Abschiedslied eines alten Cowboy, der in der Manege, in der er sein Leben im Glanz der Lichter verbracht hat, seine letzte Runde reitet. Der Zusammenhang war zufällig und noch dazu sentimental. Er fragte sie leise, ob sie das Lied kenne. Sie nickte. Dabei sahen sie sich an. Ihre Augen waren einander so nahe, wie sie es nie zuvor gewesen waren. Früher hatten sie nicht miteinander getanzt. Sie tanzten weiter, ohne die Blicke voneinander zu trennen, eine Minute, eine einzige kostbare Minute, eine zeitlose Ewigkeit der Liebe, bis die letzte Runde des alten Cowboy zu Ende war.

Er brachte sie an ihren Platz zurück. Er küßte ihre Hand. Dann ging er. Die jungen Elegants, die ihm etwas verdutzt nachsahen, würdigte er keines Blickes mehr. An der Theke zahlte er, ließ sich Hut und Mantel geben und ging hinaus.

Der Mann am Flügel sah ihm nach.

Streiflichter der Zeit

Old Dark Continent

Alle guten Europäer haben eine Vorliebe für Amerika, so wie Väter sich in erster Linie für denjenigen ihrer Söhne interessieren, den sie für mißraten halten. Es ist, wie schon das Wort sagt, keine Liebe. Es ist das, was vor der Liebe kommt – Vorliebe.
Alle guten Amerikaner haben eine Vorliebe für Europa. Söhne kümmern sich nicht darum, was für Vorstellungen Väter von ihrer Wohlgeratenheit haben mögen.
Den gegenseitigen Vorlieben entsprechen die gegenseitigen Vorurteile. Wir haben uns die Redensart vom Land der unbegrenzten Möglichkeiten zu eigen gemacht. Auf diesem Schlagwort haben wir in Europa unsere profunden Unkenntnisse über Amerika aufgebaut. Das hatte den Vorteil, wir waren in die Lage geraten, überrascht werden zu können. Die erste

der Überraschungen war Hemingway. Der eine oder andere erinnerte sich dabei, daß es in Amerika einmal einen Mann namens Walt Whitman gegeben hatte. Nach Hemingway kamen de Kruif, Hervey Allen und die Wiederentdeckung Herman Melvilles. Vor unseren Augen entstand ein neues Amerika, ein geheimnisvolles, jugendliches Amerika, ein Land mit Hintergrund und einer geistigen Rücksichtslosigkeit, die der besten europäischen Traditionen würdig war.

Die Folge ist, wir sind bereit, unsere Ignoranz einzusehen und das alte Schlagwort fallen zu lassen.

Dafür holen die Amerikaner jetzt nach, worin wir ihnen um so viele Jahrzehnte voraus waren. Sie haben ein Schlagwort gefunden, auf dem sie ohne Schwierigkeiten ihre profunden Unkenntnisse über Europa aufbauen können.

Der Wunsch, sich den Wirren unseres Erdteils fernzuhalten, spielt eine wichtige Rolle in den Reden der Präsidentschaftskandidaten. Und da nun ist ein heller Kopf auf eine Formel verfallen, die von so wunderbarer Einfachheit ist, daß sie die Redner jeglicher Notwendigkeit zu beweisen, was sie behaupten, von vornherein enthebt. Sie reden, wo immer sich die Gelegenheit bietet, vom „Old dark continent – dem alten dunklen Erdteil".

Europa – der alte dunkle Erdteil! Das also sind wir, wenn man uns über einen Ozean hinweg betrachtet. Noch ist die Formel kein Schlagwort. So dürfen wir sie langsam und genießerisch zu uns nehmen wie das erste Glas einer Flasche guten Weines. Es schmeckt uns nicht schlecht.

Natürlich wird daraus ein Schlagwort werden. Es

tritt der tragikomische Fall ein, der in der Geschichte von Völkern ebenso häufig ist wie im Leben des einzelnen, daß in dem Augenblick, in dem der eine zu sehen fähig wird, der andere erblindet. Wir werden noch einige Jahrzehnte aneinander vorbeireden. Doch wollen wir uns nicht der Einsicht berauben, die wir aus den Erkenntnissen, die andere von uns haben, gewinnen können.

Wenn man in einer europäischen Gesellschaft von einem alten dunklen Erdteil spräche, würde jedermann annehmen, man meine Afrika. Nun wissen wir, für die Amerikaner sind tatsächlich wir der alte dunkle Erdteil.

Der Chronist wüßte gerne, ob ein Nordamerikaner vom Michigansee, wenn er die Güte hat, uns seine Blicke zuzuwenden, sich dazu der östlichen oder der westlichen Möglichkeit bedient. Blickt er über New York und den Atlantik zu uns herüber, bedient er sich der Strecke, auf der die „Mayflower" kam und Lindbergh ging. Nicht mehr als dreihundert Jahre trennen uns von den Pilgervätern. Man ist geneigt, diese Blickrichtung für das Gegebene zu halten. Dann tritt der merkwürdige Fall ein, daß Europa zum Orient wird, von dannen die Sonne kommt.

Wenn Europa Okzident sein soll, das wahre Abendland, über dem die Sonne untergeht, muß Amerika zu uns über den Pazifik und über Asien hinüberblikken. Dann freilich trennen uns Jahrtausende, und wir sind jener Erdteil, der die Unruhen der Völkerwanderung noch nicht völlig konsolidiert hat. Dann sind der Vertrag von Verdun und der Friede von Versailles gleich unzulängliche Versuche, in den alten dunklen Erdteil etwas vom Licht einer neuen Ordnung zu bringen.

Die Jahrtausende, die uns von dem Mann vom Michigansee trennen, für den wir das wahre Abendland sind, waren Jahrtausende des Blutes und der Tränen. Aber sind es nicht ebenso Jahrtausende der Unbeirrbarkeit des menschlichen Geistes und der Unbestechlichkeit der menschlichen Seele gewesen?

Man kann bezweifeln, ob die Europäer es besonders gut verstehen, für ihre Ideen zu leben. Jedenfalls haben sie es verstanden, dafür zu sterben. Es sind die Jahrtausende einer Welt von Männern, die die Größe, die Pracht, den Kampf, die Erkenntnis liebten und das Leben gering achteten. Vielleicht ist es wirklich so, daß, wie ein gescheiter Philosoph einmal gesagt hat, der Geist dem Leben feindlich ist.

Wenn man über die Schlachtfelder Europas blickt, die schier eines neben dem anderen liegen, wenn man der Scheiterhaufen gedenkt, die den Weg der Gerechtigkeit und Freiheit so schauerlich erleuchten, wenn man der Seuchen sich erinnert, die wie Präriebrände über diesen unglücklichen Erdteil dahingefegt sind, muß man sich fragen, wo die Quellen liegen, aus denen immer wieder unversieglich die Wasser neuen Lebens sprudeln.

Nachdem wir seit mehr als sechzig Generationen für den Geist und die Erkenntnis, für Gerechtigkeit und Freiheit, für Glauben und Wissen gekämpft haben, nachdem nichts den europäischen Geist so sehr beschäftigt hat wie Licht, Klarheit und Vernunft, werden wir in dieser Generation als alter dunkler Erdteil abgebucht.

Was also wird uns übrig bleiben, als in weiteren sechzig Generationen unsere großen und unabdingbaren Ziele weiter zu verfolgen? Wir wollen nicht in Hochmut verfallen. Das Lämpchen, das die Wahlredner auf den Tribünen in Middlewest entzündeten, ist nicht ungeeignet, auf Amerika Licht zu werfen. Einige ausgezeichnete amerikanische Männer haben uns einen Einblick tun lassen in die Tiefen eines Volkes, über dessen Oberflächlichkeit wir allzu vorschnell unser Urteil fällten. Wenn wir schon der alte dunkle Erdteil sind, wollen wir mit dem Respekt, den die europäische Tradition uns vorschreibt, nach Westen über den Atlantik blicken, nach jenem Kontinent, der für uns der neue dunkle Erdteil ist. Geht nicht über ihm die Sonne unter? Vielleicht liegt dort der Okzident, der Menschheit wahres Abendland.

Le Batelier de la Volga

Vor dem Café du Dôme geht ein Mann auf und ab in einer weißen Russenjacke mit einer strohgelben, struppigen Perücke. So etwas fällt in Paris nicht auf. Jeder nimmt für sich das Recht in Anspruch, so närrisch auszusehen, wie es ihm gefällt. Die Stadt, in der die Menschenrechte so eindringlich an der Guillotine demonstriert wurden, erlaubt auch heute noch die Freiheit der Geste in jeder Form. Der Mann trug eine Stange mit einem in ungeschickten Buchstaben gemalten Text:

„Je suis Feodor, le Batelier de la Volga."

Es war die Reklame eines kleinen Kinos für die „Wolgaschiffer". Auch früher schon kannte man den Namen dieses Flusses mit den weiten melancholischen Ebenen an seinen beiden Ufern. Er ist einer der Flüsse, in welchen die Störe aufsteigen, um zu laichen. Viel Blut hatte er in der Revolution zum Kaspischen Meer hinabgeschwemmt. Seine schreckliche Laufbahn des Weltruhms hatte begonnen. In allen Bars der Erde saßen Balalaikakapellen und spielten die traurig eindringlichen Lieder, die die Wolga ihre Anwohner gelehrt hatte. Die Musik, in der schon Asien mitschwingt, milderte den Jazzrhythmus der westlichen Metropolen. Die warmen und großen Männerstimmen, deren Timbre Schicksal widerspiegelte, ergriffen jedermanns Herz. Die Sänger hatten eine Odyssee hinter sich. Gewiß sind diese Lieder sentimental. Aber sie sind nicht kitschig. Wir nur sind so skeptisch, daß wir jedem Gefühl immer zuerst mißtrauen.

In den kleinen Restaurants des Quartier Latin sah man viele alte russische Frauen. Sie saßen da mit Umhängetüchern und leeren Gesichtern. Sie hatten es aufgegeben zu leiden. Sie bewegten sich in einer merkwürdig automatischen Weise. Wenn sie vom Stuhl aufstanden, um zur Tür zu gehen, hatte das etwas von dem Geheimnisvollen, das man empfindet, wenn eine Katze vom Sofa aufsteht und hinausschleicht. Man weiß nicht, woher die Impulse kommen und zu welchen Zielen sie führen.

Die alten Frauen bewegten sich schweigend durch das Dasein, umgeben von einer undurchdringlichen

Schicht von Trauer. Es waren Mütter, deren Männer verschollen waren, Mütter, die ihre Söhne verloren hatten – die Mütter des russischen Volkes. Paris, die große alte und so wunderbar vielfältige Stadt, in deren unendlichem Häusergewirr Zehntausende apokrypher Existenzen hausten, diese Stadt, die Generationen von Dichtern und Schriftstellern jeden Ranges nicht auszuschöpfen vermocht haben, nahm auch noch des unbekannten Soldaten Mütter auf, wenigstens ihnen Gräber auf ihren Friedhöfen bereitzuhalten.

Feodor, le Batelier de la Volga, trug alte Kosakenstiefel aus Juchtenleder, einem der kostbarsten Leder, die es auf der Welt gibt. Man schreibt die Lebensgeschichte von Elzevierdrucken und von Guarnerigeigen. Welche Schicksale mögen diese schlichten Botten gehabt haben, ehe sie, aus der Obhut eines zaristischen Kammerunteroffiziers entlassen, durch Krieg und Frieden an den weitgewanderten Füßen des Wolgaschiffers auf den Boulevard Montparnasse gelangten! Breit ausgetreten, in Harmonie mit ihrem Inhalt, den sie mürbe und schützend umschließen, tragen sie den Ruhm der Wolga über die Boulevards, auf die eine freundliche Natur lächelnde Mädchen ohne Zahl hingestreut hat. Zuweilen schenken die lächelnden Mädchen dem Batelier einen Obolos. Poeten schreiben über Seelen. Sie merken selten, daß alte ausgetretene Stiefel zuweilen Weltgeschichte erzählen.

Die Räuber

Korsika, unter den Inseln des Mittelmeers eine der schönsten, ist ein von Geschichte gesättigter Traum. Schon Seneca, von Kaiser Claudius nach Korsika verbannt, rühmt die landschaftlichen Reize der Insel ebenso begeistert wie die stolzen Sitten ihrer Bewohner. Unzählige Male im Laufe der Jahrhunderte ist die Insel erobert worden. Die Eroberer haben nichts anderes erreicht, als den Sinn der Korsen für Freiheit immer wieder neu zu beleben. Dazu sind diese Insulaner eines der gastfreundlichsten Völker der Welt.

Die Leidenschaft für die Freiheit treibt von Zeit zu Zeit die Männer in die Macchia, das grüne, von tausend Blüten duftende Gestrüpp der korsischen Berge, um dort als Räuber zu leben. Es sind märchenhafte Räuber. Sie besitzen nichts als eine Flinte, einen Gurt mit Patronen und ihren von Seneca gerühmten Stolz.

Ich wohnte in einem ländlichen Gasthaus an einer weit ausladenden, von Klippen eingefaßten Meeresbucht, inmitten von Wäldern mächtiger alter Eukalyptusbäume. Auf einer der Klippen stand die Ruine eines alten Sarazenenturms. Zwischen den weit auseinanderstehenden hohen Bäumen weideten Gruppen von lustigen kleinen Eselchen. Auf den Steinen sonnten sich Eidechsen, die, wenn man vorüberging, als schillernde Funken davonhuschten, im Grün zu verschwinden. Täglich fuhr der Patron aufs Meer hinaus, Langusten für seine Gäste zu fangen. Wenige Meilen oberhalb des Gasthauses lag eines der Grand-Hotels von Korsika inmitten eines berühmten Golfplatzes. Einige Wochen zuvor hatten Räuber das Hotel umstellt und, unter höflichen Entschuldigungen, den Damen den Schmuck, den Herren die Brieftaschen abgenommen. Nach dieser kurzen Aktion verschwanden sie wieder, wie die Eidechsen, als funkelnde Blitze im Gestrüpp der Macchia. So märchenhaft die Räuber waren, legendär waren sie nicht.

Abends saßen wir mit dem Wirt um den riesigen Kamin herum und tranken den Wein vom Cap Corse. Zu uns gesellte sich ein österreichischer Maler. Er war von einer reizenden Dame begleitet, die eine beachtenswerte Sammlung gleißender Karate auf sich trug. Zur Gesellschaft gehörten Abend für Abend immer auch einige der Köhler, die Holzkohle in der Macchia brannten. Es waren gesellige Burschen. Sie tranken gern. Sie lachten gern. Mit ihren lustigen Augen und den schimmernd weißen Zähnen sahen sie höchst pittoresk aus. Der reizenden Dame machten sie auf altmodisch chevalereske Weise den Hof.

Eines Tages fragte mich der Wirt, ob ich ihm die Freundlichkeit erweisen wolle, seinen kranken Neffen ärztlich zu untersuchen. Er habe „mit der Lunge zu tun". Selbstverständlich erklärte ich mich bereit. Am nächsten Morgen stand vor der Tür ein uralter Ford, der unter gewaltigem Lärm in Gang gesetzt wurde. Ratternd fuhren wir los. Der Patient lebte aber nicht, wie ich gedacht hatte, irgendwo in einem der benachbarten Dörfer. Wir fuhren einen unwahrscheinlichen Weg ein Flußtal hinauf, eine

Stunde, zwei Stunden, drei Stunden . . . Als die Gegend wilder und einsamer wurde, begann ich zu überlegen, ob ich vielleicht doch gekidnappt werden sollte. Diesen Gedanken schlug ich mir wieder aus dem Kopf. Nach allem, was ich von den Korsen wußte, war es ausgeschlossen, daß sie einen Arzt unter einem so niederträchtigen Vorwand verschleppten. Gegen Mittag erreichten wir einen kleinen Weiler hoch oben im Gebirge. Armut schien da zu herrschen. Die Häuser bestanden aus geschichteten Steinen, die nicht mit Mörtel verputzt waren. Mein Patient war ein reizender Knabe von zwölf Jahren. Nachdem ich ihn untersucht hatte, konnte ich die Eltern trösten, daß es nichts Schlimmes, insbesondere nicht die gefürchtete Schwindsucht sei. Die rührenden Leute bestanden darauf, daß ich als ihr Gast noch ein wenig bliebe. Ein Huhn, von dem ich nicht weiß, ob es nicht ihr letztes war, wurde geschlachtet. Wein wurde gebracht. Nach vielen Stunden schieden wir in Herzlichkeit voneinander. Am Abend waren wir im Gasthaus zurück.

Das Unternehmen hatte zur Folge, daß ich von nun an nicht mehr ein Fremder war. Familiäre Beziehungen verbanden mich mit dem Wirt. So saß ich an diesem Abend mit ihm ein wenig abseits bei einer besonders guten Bouteille, zu der er mich eingeladen hatte. Am Kamin hockten die braunen Kerle mit den funkelnden Augen und flirteten mit der Dame mit den funkelnden Brillanten. Auch sie tranken ihren Wein. Ich faßte Mut, den Wirt endlich einmal nach dem zu fragen, worüber nie gesprochen wurde – nach den Räubern.

„Cher Patron! Wie ist das nun eigentlich mit den berühmten Räubern in Korsika. Da sitzt nun diese schöne Dame mit ihrem glitzernden Schmuck. Er ist doch recht wertvoll. Könnten da nicht die Räuber auf den Gedanken kommen, sich ihres Geschmeides anzunehmen?"

Der Wirt sah mich erstaunt an. „Aber doch nicht hier in meinem Hause, unter meinem Dach!"

„Was haben die Räuber mit Ihrem Dach zu tun?"

„Nun", lachte er und wies hinüber zum Kamin, „da sitzen sie doch alle!"

Meditationen am Genfer See

Die Luft über dem Genfer See hat silbernen Glanz. Wenn man den Möwen nachsieht, die über dem Wasser spielen, blendet sie ein wenig. Die Ufer liegen hinter Schleiern. Aus den Schleiern leuchten die Namen Evian, Ouchy, Schloß Chillon – berühmte Namen!

Mit dem Freund, mit dem ich von einer langen Reise nach Spanien zurückgekehrt war, saß ich auf einem Balkon am Quai Montblanc. Wir frühstückten. Es ist eine wichtige Funktion der Landschaft, zum Frühstück den Hintergrund zu bilden. Das Frühstück ist die einzige Mahlzeit von philosophischer Dignität. Mittag essen bedeutet, den Kalorienbedarf decken. Zu Abend essen heißt, sich dem Laster der Völlerei ergeben. Frühstücken heißt, ein Mensch sein.

In der Badewanne beschäftigt man sich noch damit, das Gestern mit Seife abzuwaschen. Baden heißt, Schwamm über das, was war. An den Frühstückstisch treten heißt, ein neues Leben beginnen. Alles wird sich ändern. Dieser Tag wird kein Alltag sein. Heute wird die Geliebte Dir begegnen, die große Erkenntnis in Deinem Hirn aufleuchten, der göttliche Funke vom Himmel fallen. Am Morgen sind wir Kinder und der Hoffnung voll. So essen wir erst einmal brav unser Morgenei.

Über die Frage, wie man ein Ei essen soll, gibt es eine Menge gelehrter Abhandlungen. Von der Dekapitation halte ich nichts. Der Schlag mit dem Messer ist ein Schlag gegen die Vollkommenheit. Es geht auch immer etwas Gelb dabei verloren. Das Aufklopfen ist die Methode der Wahl. Wie es klickt! Es darf keinerlei Gewalt dabei angewendet werden. Der Löffel fällt wie von selbst auf die Kuppe. Solange das Ei noch unversehrt ist, beschäftigt mich immer der Gedanke, wie wohl die mathematische Formel aussehen mag, in der man die elliptische Krümmung des Eis auszudrücken hätte. Groß ist dann mein Respekt vor dem Huhn, das ein Organ dafür hat, ein Ei in mathematischer Vollkommenheit auszudrücken. Erst wenn die Kontur gebrochen ist, beginnen meine mathematischen Sorgen sich zu verflüchtigen.

Welch reines Vergnügen, wenn ein Kalkplättchen nach dem anderen sich löst und nichts am Finger haften bleibt! Die Pampelmuse darf hier nicht angeschnitten werden. So ernst das Problem ist, es würde den Rahmen dieser Betrachtung sprengen. Der Leser sei, was die Pampelmuse anbelangt, auf die einschlägige wissenschaftliche Literatur verwiesen.

Gepriesen sei das Schweizer Land, in dem weise und verständige Männer die Schönheit der Natur zum Hintergrund der Philosophie erhoben haben. Nirgends auf der Welt kann man unter so glänzenden Bedingungen der Frühstücksphilosophie obliegen wie am Fuße des Montblanc, von dem eine liebenswürdige Maid uns versichert, daß er hinter dem in südwestlicher Richtung liegenden Sonnenschleier zu suchen sei.

Für uns hat das Frühstück am Genfer See noch einen besonderen Reiz. Wir haben keinerlei moralische Berechtigung, hier zu sitzen. Unser Geld ist so gut wie zu Ende.

So entspann sich zwischen Zenon aus Radebeul und Antisthenes aus Kötzschenbroda ein tiefsinniger sächsisch-sophistischer Disput.

Zenon: ,,Findest du nicht, o mein Antisthenes, daß wir über unsere Verhältnisse leben?"

Antisthenes: ,,Gewiß, o mein Zenon! Das läßt sich nicht bestreiten. Aber das tun wir doch nun schon seit zwanzig Jahren."

Zenon: ,,In der Tat! Fürwahr! Aber was meinst du, o mein Antisthenes, was soll denn bloß aus uns mal werden?"

Lange blickte Antisthenes schweigend über die Eierschalen, die Möwen und den Völkerbundspalast hinweg in den Sonnenschleier des Montblanc. Dann sprach er: ,,Was aus uns mal werden soll, o mein Freund Zenon, ich will es dir sagen! Wenn wir achtzig sind, werden wir auf einem Balkon in der

Sonne sitzen und frühstücken. Wir werden feststellen, daß wir über unsere Verhältnisse leben, und wir werden uns, o mein Zenon, fragen: Was soll bloß aus uns mal werden?"

Zenon war weise genug, diesen Trost als ausreichend zu betrachten. Der Chronist hofft, daß auch der geneigte Leser guten Gewissens weiter über seine Verhältnisse leben wird. Noch einmal wurde uns, ein gnädiges Geschenk der Götter, ein Blick ins Herz Spaniens gewährt. Das Pradomuseum, die Bildersammlung der spanischen Könige, gilt unter Kennern als eines der großartigsten Museen, das es in unserem alten Europa gibt.

Viele der Meisterwerke, im Auftrag für einen spanischen König gemalt, sind niemals im Handel gewesen, niemals restauriert worden. Erst der Spanische Bürgerkrieg hatte sie aus dem Frieden ihrer Säle aufgeschreckt. In Lastautos, bei Nacht und Nebel, waren sie auf den Straßen unterwegs gewesen, bedroht von Diebstahl, Brand, Zerstörung. Durch ihren Wert wurden sie in den Strudel des Kampfes hineingezogen. Ihr Wert war es, der sie zum Gegenstand der Politik, zum Anlaß diplomatischer Schritte machte. Das einzige, was über die Jahrhunderte hinweg in der Wertschätzung der Menschheit beständig bleibt, sind die großen Werke der Kunst. Auf eine Weise, deren der Mensch sich nicht einmal bewußt ist, ehrt er sich selbst in den Werken der Künstler, sogar da noch, wo er sie raubt.

Als wir am Mittag wieder unterwegs sind, haben wir die Flandrischen Gobelins gesehen, die Kaiser Karl V. ins Kloster von S. Juste mitnahm. Wir haben Velasquez, Greco und Goya gesehen, die Meister, die Spaniens Namen in der Malerei groß gemacht haben.

Was geschieht eigentlich, wenn man vor einem Bilde betroffen steht? Es gibt darüber eine ganze, Ehrfurcht erweckende Wissenschaft. Über das Betroffensein kann sie uns nur wenig verraten. Vor soundsoviel hundert Jahren hat einer auf einer alten Leinwand mit ein wenig Farbe den göttlichen Funken gebannt. Von diesem Funken wird in der menschlichen Seele etwas entflammt. Das läßt uns ahnen, daß wir selbst etwas Göttliches in uns tragen. Während wir schweigend durch die herrliche Sonne dem Ufer des Sees entlang fahren, erwägen wir, daß, den göttlichen Funken zu bannen, nur ein Stück alter Leinwand nötig ist, ein Pinsel und ein wenig Farbe. Alte Leinwand, ein Pinsel und ein wenig Farbe genügen zur Unsterblichkeit!

Die Welt ist voller Wunder!

Träumereien am Schwäbischen Meer

Schwaben – „Herz und Burg Teutschlands" – ist ein Binnenland. Aber es hat ein eigenes Meer. Vielleicht findet sich irgendwo ein ruchloser Federfuchser, der angesichts dieses Zusammentreffens Neigung zu spöttischen Bemerkungen verspürt. Einen solchen könnte ich nur warnen. Nachdem ich manchen Ozean gekreuzt und einen achttägigen Taifun in der Straße von Formosa heil überstanden habe, bin ich zwischen Konstanz und Lindau das erstemal richtig seekrank geworden. Das Schwäbische Meer ist ein Meer. Höchstens eines fehlt ihm zur Vollkommenheit. Dieses Meer hat trotz allem keine Küsten. Es hat nur Ufer. Auch schwäbische Apfelbäume wachsen nicht in den Himmel.

Die Schwaben sind ein legendäres Volk. Der Bogen ihrer Fähigkeiten reicht von Schwabenkaiser bis Schwabenstreich. In Böblingen haben die Kinder einen Auszählvers, der lautet:

Der Schelling und der Hegel,
Der Schiller und der Hauff,
Das ist bei uns die Regel,
Das fällt uns gar nicht auf.

Dieser Vers ist eines der wenigen, dem Chronisten bekannten Beispiele von echter Arroganz. Wenn diese Schwabenköpfchen erwachsen geworden sind, haben sie sicher viel dazugelernt, aber von ihrer Arroganz nichts verloren. Dann nämlich heißt's bei ihnen:

„Mit vierzig wird der Schwab' gescheit,
der andre nit in Ewigkeit."

Wie jede echte Arroganz verbirgt sich auch die schwäbische Arroganz hinter Bescheidenheit. Weltgenies gehen im schlichten Gewand des Landpfarrers durchs Dasein. Hausknechte sind gelehrte Männer, die sich das nicht anmerken lassen. Von den Kenntnissen einer großen spanischen Reise geschwollen, wandelte der Chronist durch den Kreuzgang des Inselhotels in Konstanz, die Fresken zu betrachten. Ein Hausknecht erbot sich, ihm dies und jenes zu erklären. Der Treffliche war höchst beschlagen, und so glaubte der Chronist – in falschem Hochmut – seine Überlegenheit in irgendeiner Weise wieder herstellen zu müssen.

„Komme gerade aus Spanien. Da habe ich auch so manches gesehen."

„So, so!" sagte der Hausknecht. „Waren Sie auch in Salamanca?"

„O freilich!" Und weil das auf alle Fälle und für jede spanische Stadt richtig ist, fügte ich in belehrendem Tone hinzu: „Da steht eine der schönsten gotischen Kathedralen, die es in Spanien gibt."

In diesem Augenblick war der Ritt über den Bodensee schon mißlungen. Das Eis brach ein. Ohne den mindesten belehrenden Ton in seiner Stimme bemerkte der Hausknecht:

„In Salamanca gibt es zwei Kathedralen. Die romanische soll noch bedeutender sein als die gotische. Ich habe sie leider beide nicht gesehen."

„Ja, woher wissen Sie es denn?"

Der Hausknecht sah verlegen beiseite. „In der romanischen Kathedrale in Salamanca gibt es eine Kapelle. Da liegt der Erzbischof Diego de Anaya begraben. Er war der spanische Gesandte beim Konstanzer Konzil. Da drüben in der „Krone" hat er gewohnt."

Er sagte das, als ob er ihm die Koffer aufs Zimmer getragen hätte. Dann verstummte er. In der Dämmerstunde, bei einem Umtrunk an der Theke, die die Unterschiede ausgleicht, verriet er mit listigem Lächeln, daß er sich seit zwanzig Jahren mit der Geschichte des Konstanzer Konzils befasse und manches darüber in Erfahrung gebracht habe, was

83

noch nicht bekannt gewesen sei. So lernte ich einen der besten Kenner dieses schwierigen und bedeutungsvollen Kapitels der europäischen Geschichte kennen. Dieser weise Mann brauchte keine heiligen Berge, um von den Händeln dieser Welt sich zurückzuziehen. Ein Haufen alter Schuhe, die er morgens putzt, genügen ihm vollauf, dahinter glücklich zu sein. Der Leser begreift, was für eine Ehre es für mich war, diesen Lao-tse aus Schwaben zu einem Glas Meersburger Weißherbst einladen zu dürfen. Gemeinsam beklagten wir, daß keine Chronik festgehalten habe, wie seinerzeit der Meersburger Weißherbst Seiner Eminenz, dem Herrn Erzbischof von Salamanca, geschmeckt habe. Es war ein schwäbischer Hausknecht, den das Schicksal ausersehen hatte, mir den letzten Gruß aus dem nun schon wieder fernen Spanien zu überbringen.

Spät am Abend saß ich auf der Terrasse des Inselhotels und blickte über den See, über den die Nacht heraufstieg. Ich dachte an den Lao-tse, der aus Böblingen stammte. Ich dachte an Li Tai-pe aus Cleversulzbach im Unterland, den größten Lyriker, den die deutsche Sprache gehabt hat. Mit Dankbarkeit auch gedachte ich meines alten Mathematiklehrers, der die ungebärdigen Knaben zur Strafe für schlechte Leistungen in Mathematik Mörike auswendig lernen ließ. Was für eine Strafe! Durch sie erreichte der listige alte Rübezahl, daß die Schwachen wenigstens ein wenig Lyrik als eiserne Ration auf den Marsch ins Leben mitnahmen.

Durch viele Schönheiten dieser Erde bin ich, ein thumber Tor, blind getrabt auf der Suche nach jener

Welt, die ich im Tornister mit mir trug. Wo immer ich die Nacht träumend an der Berge Wand lehnen sah, es war nicht die ersehnte Zauberwelt.

An diesem Abend fielen die Schuppen von meinen Augen. Der Himmel enthüllte mir gnädig das Geheimnis, dem ich über die halbe Erde nachgejagt war. Die Zauberküsten, von denen ich so lange geträumt hatte, es sind die Ufer des Schwäbischen Meeres. Das Wort des Dichters verwandelt die Erde in eine Märchenwelt. An diesem Abend geschah vor meinen Augen, was vor so langer Zeit der stille Poet als ein Wunder hatte geschehen sehen.

Gelassen stieg die Nacht ans Land,
Lehnt träumend an der Berge Wand.
Ihr Auge sieht die gold'ne Waage nun
Der Zeit in gleichen Schalen stille ruh'n.
Und kecker rauschen die Quellen hervor.
Sie singen der Mutter, der Nacht, ins Ohr
Vom Tage,
Vom heute gewesenen Tage.

Das uralt alte Schlummerlied,
Sie achtet's nicht, sie ist es müd'.
Ihr klingt des Himmels Bläue süßer noch,
Der flücht'gen Stunden gleichgeschwung'nes Joch.
Doch immer behalten die Quellen das Wort.
Es singen die Wasser im Schlafe noch fort
Vom Tage,
Vom heute gewesenen Tage.

Lob des Dienstmannes Numero 3

Ein weitgereister Mann zu sein, gilt heute wie zu allen Zeiten als erstrebenswert. Nur vergessen die, denen es an der Wiege gesungen wurde, allzuleicht, daß man weitgereist nur für die ist, die daheimgeblieben sind. Wer beharrlich Kontinente abgrast und Metropolen sammelt, ist, wenn er dafür bewundert werden will, angewiesen auf die bescheidenen Diener Merkurs, die ein Leben lang am gleichen Orte sitzenbleiben.

Wem wohl gebührte da höheres Lob als dem Dienstmann Numero 3, der seit vierzig Jahren jeden Sommer in Baden-Baden verbringt und jeden Winter noch dazu. Koffer aus Cincinnati und Rio de Janeiro, Reisetaschen aus Marseille und Stockholm, Regenschirme aus Sidney und Lörrach stachen ihm in sein erfahrenes Auge und passierten seine erfahrene Hand. Er hat niemals die Weltordnung so weit mißverstanden, daß er selbst je nach Sidney, Lörrach oder Stockholm gefahren wäre.

Einem Gerücht zufolge ist einmal der Dienstmann Numero 3 Anno 19 in Achern gewesen. Aber da ist er mit dem Leiterwagen hingefahren, und wie er zurückgekommen ist, weiß er nicht mehr. Er war voll des süßen Weines – eine Jugendsünde, die ihm anzukreiden um so weniger berechtigt wäre, als er seine Zeche bar bezahlt hatte. Seitdem hat sich Numero 3 von seinem Bahnhofswarteplatz nicht mehr entfernt. Warum auch sollte dieser Mohammed zum Berge wandern, wenn die ganze Welt doch zu ihm kommt!

Gepäck hat Charakter. Wenn Kofferkunde irgendwo an einer Hohen Schule gelehrt würde, Numero 3 müßte einen Ruf als Ordinarius dieser Wissenschaft bekommen. Man glaube nicht, daß diese Wissenschaft etwa weniger einfach oder gar weniger nützlich wäre als irgendein anderer Zweig der Wissenschaft vom Menschen. Sie ist nur weniger verbreitet. Ein Meister dieses Fachs, wie es der Dienstmann Numero 3 ist, kann aus einem Haufen Gepäck mehr über seinen Besitzer herauslesen, als wenn unsereiner denselben vierzehn Tage lang beim Pokern studierte. Es gibt da eine gewisse Art von unheimlich schweren Stücken, die allen Vorschriften zum Trotz im Abteil reisen. Diese Stücke sind bei allen erfahrenen Dienstmännern der Welt als geizige Koffer bekannt. Lederne Reisetaschen, in denen es scheppert, wenn man sie über die Schulter wirft, sind selten verheiratet. Handtaschen, die aufspringen, sind als weiblichen Geschlechts erkannt, lange bevor Puderdose, Schwammbeutel und Tauchnitzband auf dem Bahnsteig liegen.

Wenn zwei große Schweinslederne und ein kleiner Vulkanfiber auf denselben Schein ausgeliefert werden, weiß Numero 3, daß ein Fehltritt vorliegt, noch ehe er festgestellt hat, daß sie hübsch und er reich ist. Unansehnliche, aber stabile Schrankkoffer gehören älteren Amerikanerinnen. Weißes Elefantenleder im Leinenüberzug bedeutet verarmter Großfürst. Es gibt agrarisches Gepäck und industrielles Gepäck. Es gibt Amateurgepäck und Profigepäck. Es gibt nobles und solides, elegantes und braves, gelehrtes und geschäftliches, nervöses und biederes Gepäck. Dem Dienstmann Numero 3 den Koffer übergeben heißt, ihm die Biographie in die Hand drücken. Ihn kann man nicht täuschen.

Natürlich verfügt unser Kofferphilosoph auch hinsichtlich der Kofferschilder über die gründlichsten Kenntnisse, die man sich nur wünschen kann. Die Labelogie, die Lehre von den Kofferschildern, ist sein Spezialgebiet. Er kennt die Fahnen aller großen Schiffahrtslinien. Die Ozeane strömen zusammen bei ihm auf Bahnsteig 1.

Er weiß, wie die Sonne untergeht über dem Hotel Moderne, ob es nun das in Grenoble ist oder das in Charbin. Das Queens Park Hotel in Trinidad ist ihm so vertraut wie das Repulse Bay Hotel in Hongkong. Nelboek in Salzburg und Negresco in Nizza sind ihm alltägliche Gegebenheiten.

Viele solcher Schilder sind kunsthistorischen Wandlungen unterworfen gewesen. Aus diesen und der Patina lassen sich zuverlässige Datierungen gewinnen. Da der Dienstmann Numero 3 natürlich auch genau weiß, welches die teuren und welches die billigen Herbergen sind, vermag er, wenn er in Ruhe einen vielbeklebten Koffer betrachten kann, genau zu sagen, wann einer sein Vermögen gemacht hat und wie reich etwa er ist.

Die große Woche des Dienstmanns Numero 3 ist die Große Woche von Baden-Baden. Wenn es sein Beruf ist, Menschen zu kennen, ist es sein Steckenpferd, Pferde zu kennen. Es ist ein Vollblutsteckenpferd edelster Abstammung. Wenn die großen Reiter und die großen Rennstallbesitzer kommen, hat er nicht bloß das Vergnügen, daß er sie kennt, sondern auch das, daß sie ihn kennen. Wie mancher Koffer ist ihm schon vom Vater her vertraut.

Bei der Ankunft der Hoffnungen, bei der Abfahrt der Enttäuschungen ist die feste Säule im Wandel des grünen Rasenglücks der Dienstmann Numero 3. Viermal im Lauf von vierzig Jahren hat auch er den Großen Preis von Baden-Baden gewonnen. Die Quote 1800:10 ist die Basis, auf der der Frieden seiner alten Tage ruhen wird.

Das Highlife hinge in der Luft, wenn es den Dienstmann Numero 3 nicht gäbe. Wenn das Highlife seine Koffer selber trüge, würde es sich selbst aufheben. Die Leute geben viel Geld aus, um es bequem zu haben. Sie geben es dem Dienstmann Numero 3. Dafür zahlt er freigiebig zurück mit Wohlwollen an die, die so leicht sich langweilen. Und wenn Numero 3 einmal die Mütze abnimmt, ist's eine hohe Ehre. Er kennt die feine Welt. Nur, daß so viel Welt- und Menschenkenntnis bei unserem Freunde keinen Neid erzeugt. Von 13.02 Uhr bis 15.28 Uhr in der Sonne zu sitzen und sich den Bart zu streichen, ist ihm Glücks genug.

Mir hat der Dienstmann Numero 3 meinen Pappkarton getragen, als ich vor fünf Dezennien das erstemal nach Baden-Baden kam. Die wohlwollende Freundlichkeit, mit der der wackere Mann den armen Hauslehrer dazumal behandelte, hat mir für meine Zukunft viel Hoffnung eingeflößt.

Daß ich heute mehr Grund habe, ihn zu preisen, als er Grund hätte, mich zu preisen, liegt nur daran, daß ich unvernünftig genug war, als Schriftsteller Ruhm erwerben zu wollen, anstatt vernünftig zu sein und als Dienstmann Weisheit zu erwerben. Wer sein Leben lang der ganzen Welt nachläuft, wird es niemals so weit bringen wie der, der die ganze Welt an sich herankommen läßt.

Preis und Lob dem Lao-tse des Bahnsteigs, dem Dienstmann Numero 3!

Meeresrauschen im Monsun

Wenn man früher mit einem Schiff das Meer befuhr, waren einem zwei Möglichkeiten verschlossen, von denen man das nicht denken sollte. Erstens konnte man nicht baden. Zweitens bekam man keine Fische zu essen.

Natürlich gab es auch da Enthusiasten. Die wurden an einem Seil über die Reeling hinuntergelassen und ein wenig im Wasser nachgeschleift. Doch ist das Leuten mit zartem Teint nicht zu empfehlen. Nicht, weil es den Teint verdürbe. Aber wenn man da ein halbes Stündchen lang zufällig vergessen wird, kommt man ganz ohne jeden Teint wieder heraus. Das ist so schmerzhaft, daß man aus der Haut fahren möchte, wenn man sie noch hätte.

Es hat schon einmal einen Engländer gegeben, der tagelang zwischen Sidney und Batavia am Heck saß und ruhevoll seine Angel in den Ozean hielt. Er hatte sich kleine Frösche mitgebracht. Nun ist gewiß ein Frosch für einen Tümmler so kostbar wie eine Auster für den Bummler. Aber wenn der Bummler seine Auster kennt, der Tümmler hat

90

keine Ahnung, was ein Frosch ist. Und was der Tümmler nicht kennt, das frißt er nicht. So fing der Engländer immer nur Cornedbeefbüchsen, die der Koch gerade eben ins Wasser geworfen hatte. Das war sicherlich ganz lustig, lag aber außerhalb der ursprünglichen Absichten des Anglers. So mußte er es schließlich aufgeben.

Das alles ist viel besser geworden. Es gibt heute schöne Schiffe mit Badewanne und Forelle blau. Sicher wird man bald kleine Berglandschaften mitführen mit wildem Wildbach, in dem man seine Forelle selber wird angeln können. Ein einfaches Schöpfwerk, das durchs Zwischendeck geht, wird den Wildbach in Teilzahlungen immer wieder zu seinem Ausgangspunkt zurückbringen. Der ewige Kreislauf des Wassers kann durch die Technik leicht auf einen kleineren Radius gebracht werden.

Was es aber bisher auch auf den größten Schiffen noch nicht gab, war Meeresrauschen. Zufolge einer sonderbaren Paradoxie gibt es Meeresrauschen nur am Lande, da, wo die Brandung schäumt. Natürlich bäumen sich auch am Bug wilde Wogen in wildem Spiel. Aber stellen Sie sich mal dahin! In drei Minuten sind Sie so naß, daß Sie sich umziehen müssen und froh sind, wenn Sie in der Social Hall in Ihrem Klubsessel sitzenbleiben dürfen. Wildes Bäumen am Bug geht nicht ohne Gischt. Aber Gischt ist nicht nur naß. Salziger Gischt verdirbt auch die Sachen. Wirklich komfortables Meeresrauschen an Bord gab es bisher nicht. Das Problem ist gelöst. Das Meeresrauschen wird heute frei Sessel Social Hall geliefert und ist im Fahrpreis einbegriffen.

Ich bin viermal durch die Straße von Formosa gefahren, das vierte Mal bei einem Taifun. Die langen Dünungen, die der Wochen dauernde Monsun hervorbringt, sind auch für große Schiffe unangenehm. Auch haben sie jedesmal andere Drehmomente, je nachdem, ob man mit oder gegen den Wind fährt. Gegen den Wind bin ich immer mit anderthalb Flaschen Rotwein täglich ausgekommen. Mit dem Wind ging es nicht unter zweieinhalb. Man braucht das, weil einem von den vielen Limburger Käse-Gesichtern, die überall im Schiff herumliegen, so mulmig wird.

Das letztemal war es herrlich. Spiegelglatt das Meer, leicht diesig der Horizont und eine fabelhafte Sonne. Man hätte denken können, man führe auf Parkett spazieren. Nur abends wurde es immer etwas bewegt.

An einem dieser Abende wurde das Meeresrauschen in der Social Hall vorgeführt. Die Tochter des Estanziabesitzers war Pola Negri. Der Zigeunerprimas, der wilde Gesell, war Douglas Fairbanks. Während man langsam bei einer guten Manilazigarre die Forelle blau verdaute, trieb es diese beiden um und um, fast über den ganzen Erdball hin. Sie kamen auch bei uns vorbei, so zwischen Hongkong und Swatow.

Auf einem einsamen Felsen standen sie schließlich eng umschlungen unter einer Pinie. Unten rauschte die Brandung. Gewaltig setzte das Harmonium ein mit langen Monsun-Arpeggien. Die Größe und erhabene Schönheit der Natur erschütterte unsere Seelen. Alte Amerikanerinnen begannen zu schluchzen, während leise die Leinwand Wellen warf. Draußen war wieder eine leichte achterliche Brise aufgekommen.

Ich bestellte die dritte Flasche. Für ein nur bescheidenes Trinkgeld erstattete der Steward mir Bericht über den soeben beendeten Sonnenuntergang, währenddessen Pola Negri durch die nächtlichen Gassen von Marseille geirrt war.

Dann dachte ich die Flasche zu Ende. Meeresrauschen im Monsun – das greift ans Herz!

„Cabin B"

Der Traum jedes Weltreisenden ist – Deckskabine allein! Es ist ein verwegener Traum, aber die einzige Möglichkeit, den Luxus wirklich kennenzulernen. Vor die Freuden des Reisens setzten die Götter den Gefährten. Da kann man Glück haben oder Pech. Natürlich hat man immer Pech. In der ostchinesischen Eisenbahn wurde ich einmal mit einer Matrone von etwa zwei Zentnern Lebendgewicht in ein Schlafwagenabteil gesperrt. Ich habe da ziemlich verwundert geschlafen.

Auch in der Luxuskabine steht ein zweites Bett. Wenn man die Luxuskabine allein haben will, muß man es bezahlen. Und wer bezahlt gern runde Dollars für ein Bett, in dem er gar nicht schlafen wird?

Aber da war nun auf der Hinfahrt Herr Meyer gewesen. Herr Meyer spielte für mich die gleiche Rolle wie ich für ihn, die Rolle des Reisegefährten.

Nur ich hatte Pech, und er hatte Glück. Fuhr er nicht mit dem bekannten Plauderer, mit dem ihm die drei Tage zwischen Shanghai und Hongkong wie ein Nichts vergangen wären.

Herr Meyer beging den Irrtum, daß auch er unbedingt plaudern wollte. So hat er mich zwischen Shanghai und Hongkong in ein Nichts zerplaudert. Ich hätte nie geglaubt, daß Plaudern objektiv so zerstörend wirken kann. Subjektiv ist es so aufbauend, daß man eine Existenz darauf begründen kann. Mir kann man das Plaudern nicht untersagen. Ich lebe davon. Herr Meyer dagegen lebte von Seife. Nicht wahr, wieso plaudert er dann?

Herr Meyer lebte nicht nur von der Seife, er plauderte auch nur von ihr, von der Seife zu 0,80, zu 1,10 und zu 1,25. Von ihren grünen und roten Packungen, die er mir des öfteren demonstrierte und von den Schwierigkeiten, gerade die gelbe Packung zu 1,25 an die Chinesen loszuwerden, während die rote zu 0,80 ganz leicht wegging. Sie schwamm sozusagen auf der Woge des Bedarfs aus seinem Musterkoffer davon. Aus weltwirtschaftlichen Gründen aber kam es gerade auf die Umsatzsteigerung in gelben Packungen an. Es war Herrn Meyers Lebensaufgabe, das Gelbe zu fördern. Die Chinesen aber waren wild auf Rot, und Herr Meyer war unglücklich, mit einem tragischen Beigeschmack von Seife. Mein Unglück war, daß Herr Meyer eigentlich Monsieur Meyer hieß und ein Franzose aus Mulhouse war. So war ich, der ich aus Kötzschenbroda stamme, der einzige, mit dem er sich wirklich verständigen konnte.

Wo immer auch ich ging und stand, da ging und stand Meyer aus Mulhouse und sprach von „Savon in Jaune". Zwischen Suppe und Fisch, zwischen Bug und Heck, zwischen Sonnenaufgang und Sonnenuntergang, zwischen Traum und Schlaf sprach Meyer von Seife in Gelb.

Meyer hatte keine Komplexe. Er träumte nachts dasselbe, was er am Tage sagte. Glückliches Gehirn! Ich aber hatte, als wir uns Hongkong näherten, einen Seifenkomplex in Gelb.

In Hongkong steht das Repulse Bay Hotel. Es liegt an einer Bay, und diese Bay, weit weg von der Stadt auf der zum offenen Meer hin liegenden Seite der Insel, gehört ihm ganz allein. Bezeugen wir dem Superlativ unsere ausdrückliche Hochachtung. Dann wollen wir feststellen, daß es das schönste Hotel der Welt ist.

Man kann da unter Palmen wandeln und ist wirklich durch nichts gestraft als durch die Preise. Vergebens sucht man nach den Kübeln, in denen doch Palmen zu stehen haben. Die Palmen wachsen wild.

Einmal traf ich Meyer, Mulhouse, Seife gelb, in der Stadt. Es gelang mir noch, eine Riksha zu erreichen, ehe Meyer meiner habhaft wurde. Dann thronte ich wieder in der weiten, überall offenen Speisehalle des Hotels, feierlich und schweigend von drei weiß gekleideten Boys bedient.

Danach saß ich, feierlich und schweigend dem Meeresrauschen lauschend, mit der Shagpfeife in der Badewanne, während die Kolibris vorm Fenster herumschwirrten. Über den Zauber der Tropen geht platterdings nichts.

So war ich, als ich das Billett für die Rückfahrt kaufte, sittlich verweichlicht, und zudem hatte ich noch den Seifenkomplex in Gelb. Es war also nur noch eine Geldfrage.

So verwandelte ich diese ungewöhnlich günstige Konstellation in Leichtsinn. Einmal im Leben muß der Mensch Millionär sein. Auf dem „Präsident Grant" nahm ich eine Luxuskabine. Von da ab habe ich drei Tage die Shagpfeife nicht mehr aus den Zähnen genommen. Ich entdeckte, daß ich das nicht mehr nötig hatte. Als ich an Bord kam wie jeder gewöhnliche Passagier, fragte mich der Obersteward, welche Kabinennummer ich hätte. Ich aber hatte keine Nummer. Ich war selber eine. Die Kabine hatte einen Buchstaben. Dieses „Cabin B", es war ein Zauberwort. Der Obersteward nahm sofort die Haltung eines Generals an, der eine große Schlacht einleitet. Die empörende Tatsache, daß ich meinen fotografischen Apparat selbst trug, schaffte er sofort aus der Welt, indem er ihn mir persönlich abnahm. Ich bin ein loyaler Millionär und trage zur Not meinen Fotoapparat auch einmal selbst. Diener sind so unaufmerksam! Aber natürlich, es sollte nicht vorkommen!

Dann geleitete der Obersteward mich wie den König Amanullah in meine Mahagoniklause. Millionäre müssen an irgendwelchen besonderen Gehstörungen leiden. Durch einen beflissenen Boy wurde ich auf jede Stufe besonders aufmerksam gemacht.

Bald entdeckte ich, daß ich es nicht mehr nötig hatte, mich einer fremden Sprache zu bedienen. Es ist unhöflich, die Sprache eines Millionärs, was immer er auch spreche, nicht zu verstehen. Man liest ihm die Wünsche von den Augen ab. So gab ich meine Anordnungen in gewähltem Sächsisch. Der Kabinensteward forschte dann so lange in meiner Pupille, bis er wußte, was ich wollte.

Doch hat der Millionär nicht nur Rechte. Er hat auch Pflichten. Man ist verpflichtet, besondere Wünsche zu haben. Ich ließ zunächst einen blauen Vorhang vor dem Fenster anbringen, bestellte einen Hummer Beaurivage und ein Bad. Damit hatte ich mich als ausreichend spleenig legitimiert.

Auf dem Tisch neben dem Bett lag eine Bibel. In jedem amerikanischen Schiff liegt in jeder Kabine eine Bibel. Die Bibel war auf der Ölfarbe festgeklebt. Anscheinend ist das Interesse von Millionären an Gottes Wort nur gering.

Doch will ich niemand verleumden. Das Schiff ist erst neun Jahre alt. Vielleicht benutzen Millionäre die Bibel alle zehn Jahre. An den Rettungsring habe ich mich nicht herangetraut. Vielleicht klebte er auch. Ich ließ das Bad wieder aus und schmiß den Hummer durch den blauen Vorhang auf die Pier einem Kuli in den Schoß, der ihn mit Begeisterung futterte. Welcher Kuli ißt nicht gerne Hummer früh um neun. Als der Steward abräumte, stellte er fest, daß ich die Schalen offenbar mitgefressen hatte. Damit war mein Ruf endgültig gefestigt. Man schwankte nur noch, ob ich Zinnminen in Penang oder eine Lachsfischerei in Alaska besäße. Beides war schließlich möglich.

Alle Meyers aus der kommunen Ersten Klasse versuchten nun, mich kennenzulernen. Da nun erst

zeigten sich die wahren Vorzüge des Millionärda-
seins. Obgleich ich auch weiterhin, ohne die Shagpfeife aus dem Mund zu nehmen, nur noch Sächsisch sprach, waren alle von bezaubernder Liebens-
würdigkeit. Insbesondere die Mütter polierten ihre
Töchter auf neu und offerierten sie mir cif Maha-
gony. Auf jede meiner sächsischen Marginalien –
und ich ging weit über die Grenze dessen, was fein
ist, hinaus – als Antwort nur Charme!

Der einzige Mensch, mit dem ich wirklich sprach,
war Mister Goldsmith von der New York Stock
Exchange. Er hatte Cabin A. Somit war er ebenbürtig. Wir sprachen über Prosperity und die sinkenden
Kupferpreise. Auch die Prohibition war, bei einem
kleinen Whisky, ein angenehmes Gesprächsthema.

Ich rauchte in der Social Hall, wo das Rauchen
streng verboten ist. Dort sitzen die Mütter und
häkeln. Aber die Mütter lächelten nur süß und erst
am dritten Tage etwas sauer. Doch blieb ihnen noch
die Hoffnung auf das Bordfest am Abend. Ich wäre
ganz gern dabei gewesen. Auch ein Millionär will
mal nach der Jazzpfeife tanzen. Aber Mister Goldsmith, dieser Gentleman, informierte mich, daß die
Mütter eine Interessengemeinschaft gegründet hätten, I. G. Mütter Ltd., und daß beschlossen sei, eine
Tochter mindestens müsse in die Zinnmine einfah-
ren. Gegen Mütter kämpfen Millionäre selbst vergebens. So saß denn der Millionär aus Cabin B am
Abend in der behaglichen Messe der Decksoffiziere,
und es zeigte sich, daß durchaus nicht alles Seife ist,
was gelb aussieht.

Der Benediktiner kreiste. Wir sangen begeistert:

„Who is that knocking at my door",
said the fair young lady.
„That's me meself and nobody else",
said Abel Brown the sailor.

Als wir an den Lichtern von Shanghai vorbeifuhren, waren wir weder trocken noch feucht. Wir waren blau. Die Wolkenkratzer flimmerten. Die Sterne flimmerten. Uns flimmerte auch.

Die sozialen Unterschiede waren beseitigt, die Feindschaft zwischen den Völkern war begraben. Uns alle beseelte nur der eine Wunsch:

„O take me to the merry land,
where rivers of beer abound,
where Slow-Gin-Riggins are hanging on the tree
and eye-balls rolling on the ground."
„What? Eye-balls rolling on the ground?"
„Yes, eye-balls rolling on the ground!"

Dann wurde der Anker herabgelassen und der Millionär in sein Hotel gerollt.

Die I. G. Mütter Ltd. liquidierte.

Heimkehr

Heimkehren ist immer schön. Aus einem Feldzug, aus einer Kneipe, aus einem fernen Kontinent. Man kann sich einmal ausschlafen. Man kann sich auf sich selbst besinnen. Man kann wieder weg. Aber wann eigentlich ist man heimgekehrt?

Aus einem Feldzug? Da war es die Heimat, die einen wieder aufnahm. Aber es war nicht mehr die,

die man verlassen hatte. Aus einer Kneipe? Da ist es das Bett, das einen wieder hat. Zur Besinnung kommt man frühestens am nächsten Mittag, auch wenn man sich auf nichts mehr besinnen kann. Aber wann ist man aus einem fernen Kontinent zurück? In Mandschuria, am Baikalsee, in Leningrad umgibt einen noch nicht die Atmosphäre Europas. In Swinemünde wird's schon traulicher; nur daß die Leute, die sich in Swinemünde tummeln, dort nicht zu Hause sind. Es sind Badegäste. Heimkehren kann man nicht zu jemandem, der selber in der Fremde ist. Stettiner Bahnhof in Berlin? Der wäre eine Möglichkeit! Nur dächten da die Leute, man wäre ein Badegast aus Swinemünde, und die Kofferschilder habe man im Warenhaus für kleines Glück gekauft. Zum richtigen Heimkehren gehört eine Mischung von Bewunderung und Neid gegenüber dem Weitgereisten.

So blieb mir nur das Romanische Café. Kleine Marmorplatte! Zu selten haben die Dichter dich besungen! Unbeachtet verschwinden jeden Morgen all die genialen Stricheleien, zu geistreichem Zwiegespräch auf dich gezeichnet, unter dem nassen Grau des Wischlappens der Putzfrau. Heiterkeit und Melancholie hast du gesehen, geborgtes und verdientes Geld, zuweilen eine Briefmarke, die den Standardbetrag des heißen Schälchens komplettieren mußte. Hier kann Selbstbesinnung stattfinden. Auf marmorner Grundlage! Kein Maharadscha kann sich vornehmer auf sich selbst besinnen.

Karl kassiert am dritten Tisch links. Karl ist noch da. Natürlich ist Karl noch da. Er ist seit achtzehn

Jahren da. Warum sollte er heute nicht da sein?
Heute ist Samstag. Seinen freien Tag hat er am
Mittwoch. Ich werde an einem Samstag heimge-
kehrt sein. Nun wird der große Augenblick kom-
men, auf den ich so lange gewartet habe! Glanz der
Ferne wird um mich sein. Vielleicht wird sogar das
blonde Kind im Tweed am Nebentisch aufhorchen.
Und Karl? Nein, Karl wird keinen Neid empfinden.
Er wird mir seine volle Bewunderung zeigen.
Schön wird das werden!

Karl naht. Ein freundliches Lächeln persönlicher
Zuneigung huscht über sein faltenreiches Antlitz.
Der Oberkellner Karl hat mehr als nur ein Gesicht.
Er hat ein Antlitz.

„Tag, Herr Dokta'! Lange nicht da jewesen!"

„Ja", sage ich, langsam schlürfend den köstlichen
Moment. „War lange nich' hier."

„Wo war'n Se denn die janze Zeit?"

Nun bemerke ich so ganz leicht und obenhin: „'n
Peking!"

„So", meint er, „schon wieder 'n neues Café. Wo
liegt 'n det?"

Ich bin noch heute nicht heimgekehrt.

Wundersame Ereignisse

Wegerich und Meteor

Wenn einer sich zu der Kühnheit aufschwingt,
schöpferisch zu werden, gelingen ihm im besten
Falle großartige Unvollkommenheiten. Doch ist der
Mensch nicht nur kühn genug, großartige Unvollkommenheiten zu schaffen. Er ist auch mutig genug, das Maß der Unvollkommenheit festzulegen.
So gibt es eine Ästhetik der gemalten Bäume, während es eine Ästhetik der gewachsenen Bäume nicht
gibt. Niemand kommt auf die Idee, daß er die
Buche ein wenig platanischer haben möchte, obgleich er doch eine Breughelblume einer Gauguin-
blume vorzieht. Mit ästhetischen Kategorien haben
wir uns der Natur noch nicht zu nahen gewagt.
Dafür zeigen wir die größte Dreistigkeit in ihrer
moralischen Beurteilung. Es gibt in der Natur ein
Kraut, das wir so sehr verurteilen, daß wir ihm

sogar die Eigenschaft „Kraut zu sein" durch sprachliches Edikt aberkennen. Wir nennen es Unkraut. Der Sinn, der keiner ist, ist Unsinn. Das Kraut, das keines ist, ist Unkraut.

Wir wissen nicht, was die Natur für eine Intention hatte, als sie den Wegerich hervorbrachte. Doch können wir mit einiger Wahrscheinlichkeit behaupten, daß es nicht in ihrer Absicht liegt, die Ernte dieses Jahres zu schädigen. Wenn wir den Wegerich ausrotten, nur weil wir ihn weder verspeisen noch zu einer Hose verspinnen können, handeln wir gegen den Wegerich nicht fair. Auch der Wegerich kann mit uns nicht das geringste anfangen. Unser einziges Recht ist der Hunger. Es ist eine alte Überlieferung des Menschen, Dinge, die er aus Hunger oder Gier tut, moralisch zu rechtfertigen.

Die Natur in ihrer Weisheit hat den Wegerich vortrefflich ausgestattet. Man muß annehmen, daß sie das Auftreten des Menschen vorausgesehen hat. Die Vermehrungsmöglichkeiten des Wegerichs sind so ungeheuerlich, daß unsere seit Jahrhunderten gegen ihn geführten Vernichtungsfeldzüge erfolglos geblieben sind. Wegerich vergeht nicht.

Diese Einsicht vermindert erheblich die Schuldgefühle des Feinempfindenden gegenüber dem Unkraut. Neuerdings ist dem Unkraut eine Ehre erwiesen worden, die das moralische Konto gleichzieht, dieselbe Ehre, die den Werken des Michelangelo, der antiken Plastik und den Goldschmiedearbeiten der Inkas erwiesen wird. In der Grafschaft Somersetshire wurde ein Museum für Unkraut eingeweiht. Wer das Unvollkommene liebt, wird auch künftig nach Florenz oder Berlin fahren, die Uffizien oder das Kaiser-Friedrich-Museum zu besuchen.

Wer aber das Vollkommene liebt, wird nach Somersetshire fahren und die Vollkommenheit bestaunen, die die Natur erreichte, als sie das hervorzubringen unternahm, was wir moralisch verurteilen.

Glaubt man nun, daß die Natur nur die Hervorbringung von Kofferfischen und Wegerich besser verstünde als wir, irrt man sich. Sie hat auch in wirtschaftlichen Dingen eine viel zu sichere Hand, als daß der Mensch sie je erreichen könnte.

Wir alle bemühen uns, reich zu werden. Einige freilich, wie zum Exempel die Philosophen, beschränken sich darauf, zu beweisen, daß es keinen Zweck habe, reich zu werden. Doch möchte ich nicht so einen Philosophen erleben, wenn ihm geschähe, was jenem Manne in Managua geschah, der durch einen gewaltsamen Akt der Natur in drei Sekunden Millionär wurde. Dialektik ist zu nichts nütze, wenn man mit ihr nicht ebensogut das Gegenteil beweisen kann. Die Sophisten, diese gescheiten Männer, auf die mit soviel Verachtung herabzublicken üblich geworden ist, wußten das genau. Dialektik dient nicht dazu, die Richtigkeit von Zielen zu beweisen, die man erreichen will, sondern die Nichtigkeit von Zielen, die man nicht erreicht hat. Der Sophist ist ein Fuchs, dem die Trauben zu süß sind. Er gewährt nicht Hoffnung, wovon jedermann zuviel hat, sondern Trost, wovon jedermann zuwenig hat.

Der Mann in Managua braucht zur Zeit beides nicht. Er befindet sich im Augenblick an jener

Grenzscheide zwischen Hoffnung und Trost, die man Erfüllung nennt. Zwanzig Jahre hat er von seinem kargen Garten jeden Morgen in den Himmel geblickt, ob von daher nicht käme, was er mit aller Mühe aus seinem Garten nicht herauswirtschaften konnte. Zwar ließ die Natur Wunder über Wunder geschehen. Aus braunen Körnern ließ sie mächtige Bäume wachsen. Grünes Gras verwandelte sie in echte Wolle vermittels eines gewöhnlichen Schafes. Aber die Wunder der Natur hatten ungenügende Marktpreise. Und doch hat der Mann nicht vergebens geblickt, wenngleich die Natur ihm seine Wünsche nur erfüllen konnte durch eine gewaltsame Zerstörung ihrer eigenen Wunder. Eines schönen Morgens kam mit einem gewaltigen Krach aus den Tiefen des Himmelsraumes ein Meteor geschossen und landete in dem Garten des Mannes in Managua. Die Bäume waren zertrümmert, das Schaf war platt und hin. Aber dieses neue Wunder der Natur hatte den höchsten Marktpreis, den der Mann aus Managua sich nur wünschen konnte. Der Meteor bestand aus reinem Nickel. Der Block wurde einige Tage später an die United Steel für eine runde Million Dollar verkauft. Was der Mann durch ein Leben voller Arbeit nicht hatte erreichen können, schenkte ihm die Natur in drei Sekunden. Der Leser braucht kaum noch darauf hingewiesen zu werden, daß es nicht wünschenswert ist, auf solche Weise reich zu werden. Allzu leicht kann so ein kosmisches Glück sich in einen Grabstein verwandeln. Wer die Radieschen in seinem Garten betrachtet, soll sich freuen, wenn keine Million darauf fällt.

Schon ein Apfel, der einem auf den Kopf fällt, ist Wunder der Natur genug. Wer für den Apfel, der nicht weit vom Stamm fällt, nicht aufrichtig dankbar zu sein vermag, dem wird leicht der Schädel zertrümmert von einem Meteor, der weit von seinem Sterne fällt.

Ein Stückchen eigener Erde ist besser als ein Stückchen eigener Sirius.

Psychologie der kindlichen Seele

Auf einer Polizeiwache in Chikago wurde vor einigen Tagen ein auffallend jugendliches Individuum eingeliefert, das heiter lallte und auch in seinem sonstigen Gebaren alle Anzeichen aufwies, daß hier der erfolgreiche Versuch unternommen worden war, sich mit Hilfe spezifischer Flüssigkeiten jene allgemein so hochgeschätzte spezifische Leichtigkeit zu verschaffen, die geeignet ist, die menschliche Seele weit über die Misere des Alltags, insbesondere des Chikagoer Alltags, hinauszuheben.

So sehr ein solcher Versuch zum seelischen Segelflug des Wohlwollens aller Sportfreunde sicher sein darf, so sehr muß es uns in Verwunderung setzen, daß wir via Transradio überhaupt etwas davon erfahren. Zwar macht man unserem Zeitalter den Vorwurf des Materialismus. Tatsache aber ist, daß das Bemühen, die Seele zu erheben, etwas geradezu Alltägliches ist, wie sich aus den Bilanzen der Brauereiinstitute in einer Zweifel ausschließenden Weise genau belegen läßt. Aber die Begleitumstände unseres Chikagoer Falles sind so eigenartig, daß wir uns nicht zu wundern brauchen, daß hier einmal ein Rausch der Weltöffentlichkeit zur Kenntnis gebracht wird.

In den Taschen des jugendlichen Individuums fand man mehrere beschriebene Blätter. Der im Umgang mit Gangstern vielfach durchlöcherte und ergraute Kriminalkommissar vertiefte sich ernst und pflichtgemäß in diese Blätter. Doch schon nach wenigen Minuten sah man einige Tränen über seine Bartstoppeln rollen und in das Protokoll tropfen.

Der scharfsinnige Leser vermutet vielleicht eine Lebensbeichte. Aber da vermutet er falsch. Durch Lebensbeichten kann man keinem Kriminaler vom Alex bis Scotland Yard eine Zähre entlocken. Tatsächlich handelte es sich um gebundene Sprache, sogenannte Verse. Was der Kommissar in der Hand hielt, war Lyrik. Keinen Kenner der menschlichen Seele wird es wundern, daß das Auge des Gesetzes, wenn es auf Lyrik fällt, zu tropfen anfängt.

Nachdem es den bewährten und hochentwickelten Methoden der Polizei gelungen war, in verhältnismäßig kurzer Zeit das jugendliche Individuum wieder zu sich selbst zu bringen, stellte sich heraus, daß es selbst der Verfasser dieser das Herz des Kriminalers rührenden Gedichte war. Es stellte sich aber ferner noch heraus, daß das jugendliche Individuum erst ganze zwölf Jahre zählte.

Ein Wunderkind? Von verständigen Erziehern frühzeitig in seinen bedeutenden Anlagen zum Genie entwickelt?

Aber wieso war das Wunderkind tipsy? Schließlich und bei alledem war es ein Junge von zwölf Jahren, der sich einen Affen gekauft hatte, der jedem Vollmatrosen Ehre gemacht hätte.

Daß ein lyrischer Dichter aus dem Dunstkreis unserer Alltäglichkeit zu entschweben versucht, ist zu verstehen. Daß ein Knabe von zwölf Jahren Gedichte schreibt, ist auch noch zu verstehen. Aber daß ein Knabe von zwölf Jahren betrunken daherwankt, ist ein tiefes Rätsel.

Nun, die tiefsten Rätsel löst man leicht, wenn man zu den Müttern hinabsteigt. Etwas Ähnliches mochte auch der Kriminaler empfunden haben. Er versuchte, Mama anzuläuten. Aber Mama war nicht zu Hause. Und damit finden nun gleich alle Probleme unversehens ihre Lösung. Mama befand sich in einer Versammlung und hielt einen Vortrag: „Zur Psychologie der kindlichen Seele". Niemand wird leugnen wollen, daß sich wenige Dinge so gut zu einem Vortrag eignen, wie gerade die Psychologie der kindlichen Seele. Aber ein jeder wird auch zugeben müssen, daß es für die kindliche Seele kein geeigneteres Mittel gibt, der Psychologie zu entgehen, als Schnaps. Ein Mann, wenn er klug ist, weiß das mit zwölf Jahren. Eine Frau, wenn sie dumm ist, hat es mit fünfzig noch nicht begriffen. Welch ein Glück für die Menschen, daß die Frauen überwiegend klug und die Männer überwiegend dumm sind. Sonst würde sich der Untergang des Abendlandes als Delirium tremens abspielen, und es gäbe eine Olympiamedaille für den Wettlauf mit den weißen Mäusen.

Metaphysik des Diebstahls

Vor ein paar Tagen hat ein fröhlicher Dieb in Berlin
eine intakte Pferdedroschke vom Stand weg gestohlen. Das gab natürlich eine Hetz' mit Hallo. Die
Kollegen vom Volant traten in den Gashebel, daß
die Zündungen knackten. Drei Straßenzüge weiter
schon hatten sie die Droschke mit dem braven, alten
Trampeltier eingeholt. Dem fröhlichen Dieb wurde
das Nasenbein angeschlagen, woraufhin er etwas
weniger fröhlich wurde. Dann begann eine erregte
Auseinandersetzung zwischen Beteiligten und Un-
beteiligten über die Frage, wie ein Mann auf die
Idee kommen könne, eine Pferdedroschke zu stehlen. Bei vielen Kümmeln stellte sich heraus, daß die
Empörung über des Diebes Dummheit größer war
als die über seine moralische Verworfenheit.
Die öffentliche Meinung nahm sich des Falles an.
Der Gute fand eine allgemeine Verurteilung, nicht
wegen des Diebstahls an sich, sondern weil er einen
so romantischen Gegenstand wie eine Pferdedroschke gestohlen hatte.
Auch ich habe, dem geneigten Leser zu Nutz und
Frommen, viele Kümmel getrunken, um über diesen Fall Klarheit zu gewinnen. Die Sache ist nicht
so einfach, wie sie auf den ersten Blick erscheint.
Wenn wir, wie es der Gang der Philosophie erfor-
dert, vom Allgemeinen zum Besonderen fortschrei-
ten, müssen wir uns erst einmal über das Stehlen
klar werden.
Das Stehlen hat ohne Zweifel wichtige soziolo-
gische Funktionen. Eigentum ist etwas sehr Schö-

nes. Aber wenn es nicht bedroht wäre, und wenn es nicht verlorengehen könnte, würde es nicht den geringsten Spaß mehr machen. Erst wenn einem die Brieftasche gestohlen wird mit fünfzig Mark darin, merkt man, wieviel fünfzig Mark wert sind. Sofort fängt man an nachzudenken, was alles man für die fünfzig Mark hätte kaufen können – einen neuen Hut, die IX. Symphonie auf Schallplatten, eine Reise nach Rostock, Hummern mit Sekt. Mit fünfzig geklauten Mark kauft man sich halb Berlin. Wenn man sie nachher in einer anderen Tasche wiederfindet, zahlt man höchstens seiner braven Wirtin die Schulden, die man so lange schon bei ihr hat. Es ist sicher nötig, Diebe zu bestrafen, aber deswegen braucht man ihre Verdienste nicht in Abrede zu stellen. Der Wert des Eigentums liegt darin, daß die Diebe es klauen wollen.

Der führende Chikagoer Ganovenverein hat an den Zentralverband der amerikanischen Versicherungsgesellschaften die Forderung gerichtet, ihm jährlich eine Million Dollar zu zahlen. Ansonsten würden seine Mitglieder in den Streik treten. Und wenn Einbruch und Diebstahl aufhörten, würden die Leute es unterlassen, ihr Eigentum zu versichern. Die Versicherungsgesellschaften hätten Milliardenverluste zu erwarten. Die Ganoven beanspruchten lediglich einen fairen Anteil an den Gewinnen, welche die Gesellschaften ihrem nächtlichen Fleiß zu verdanken hätten.

Wie diese Verhandlung ausgehen wird, müssen wir abwarten. Auf jeden Fall handelt es sich um ein moralisches Problem. Die Diebe könnten ein gutes

Leben führen, ohne daß sie zu stehlen gezwungen wären. Sie würden vom Nichtstehlen leben.

Es muß darauf hingewiesen werden, daß Diebe, so verworfen sie sein mögen, immer noch bei weitem den Neidern vorzuziehen sind. Der Dieb ist naiv. Er will etwas haben, was ihm nicht gehört. So geht er hin und holt es sich, nicht achtend der Schranken, die ein weises Gebot seinem kindlichen Tun gesetzt hat. Der Dieb ist zudem noch mutig. Auf der Bühne wird aus ihm leicht ein Held.

Die Neider wollen auch haben, was ihnen nicht gehört. Aber sie sind entweder nicht naiv oder nicht mutig genug. Dafür sind sie gewitzt. Wie ausgekochte Winkeladvokaten gehen sie hin und brauen eine neue Moral zusammen. Darin heißt's dann „Eigentum ist Diebstahl".

Uns also liegt es fern, den fröhlichen Droschkendieb zu verurteilen, weil er gestohlen hat. Zum Verurteilen sind die öffentlichen Rechtsinstitutionen da. Wenn wir ihn aber nicht verurteilen, weil er gestohlen hat, müssen wir ihn, weil er eine Pferdedroschke gestohlen hat, mit poetischen Worten loben und preisen.

Wenn der fröhliche Dieb sich eine Pferdedroschke aneignete, hat er dies doch offenbar getan, weil er sie haben wollte. Wenn die Geschichte vor Weihnachten passiert wäre, ich hätte angenommen, daß es Knecht Ruprecht gewesen sei, dem man in völliger Verkennung der Zusammenhänge das Nasenbein angeschlagen hatte. Aber auch so ist unser Mann es wert, in einer Welt, die durch ihre Nützlichkeit viel verworfener ist als durch ihre Verwor-

fenheit, ein edles Beispiel zu sein. Für die Weile
einer Meile hat dieser Mann sein Steckenpferd vor
die Droschke seines Lebens gespannt. Als kleiner
Junge schon hat er sich gewünscht, auf dem Bock
zu thronen mit Peitsche und Lackzylinder. Als
Mann hat er seine Knabenträume in Erfüllung
gehen lassen. Mehr hat Napoleon im Leben auch
nicht erreicht.

Manch einer aber, der über die Dummheit dieses
Mannes glaubt abfällig urteilen zu dürfen, sollte sich
bescheiden in eine Ecke setzen und erst wieder
hervorkommen, wenn er bereit ist, seine Träume in
Erfüllung gehen zu lassen. Unsere allzu graue Welt
der Realität hat den Glanz einiger transzendentaler
Dummheiten dringend nötig. Aber echte Neigung
zur Transzendenz besitzen heutzutage bei uns nur
noch die Gauner.

Ein Grabhügel

Vieler großer Männer Grab ist von Geheimnis
umwittert. Wir wissen nicht, wo die Gebeine des
Aristoteles liegen. Wir wissen nicht, wo Alexanders
des Großen gläserner Sarg geblieben ist. Wir wissen
nicht, wo Julius Cäsar ruht. Wir wissen nicht, wo
Mozart begraben liegt. Dafür kennen wir monu-
mentale Grabdenkmäler, von denen wir nicht wissen, wen sie bergen. Der eine wie der andere Sachverhalt versetzen das menschliche Gemüt in eine Art
von frommer Unruhe.

Wenn wir vor einem Hünengrab in der Heide stehen, trennt uns von der Ewigkeit jener Abgrund, in den der Name des Toten hinabgesunken ist. Wenn wir eines großen Mannes denken, bekümmert es uns, wenn wir nicht wissen, wohin zu seinem Grabe pilgern, um seinem Geist das Opfer der Erinnerung zu bringen.

Sprichworte gelten gemeinhin als weise. Tatsächlich gibt es deren eine große Zahl, die durchaus dumm sind. Wenn Namen nur Schall und Rauch wären, gäbe es keine Geschichte. Die Namen sind die Pfeiler der Brücke, auf der die menschliche Erinnerung in die Vergangenheit zurückschreitet. Es gibt in der Wissenschaft der Kunstgeschichte kaum etwas Aufregenderes als die Entdeckung des Namens eines unbekannten Meisters. Der Kunsthistoriker wird zum Detektiv. Er kennt die Taten, aber er kennt den Täter nicht. Daß es möglich ist, eine Kathedrale zu bauen und dann namenlos zu verschwinden, kann noch andere Leute als Sherlock Holmes zur Verzweiflung treiben.

Ebenso aufregend ist es, wenn das unbekannte Grab eines großen Mannes entdeckt wird.

In einem Hügel in der Nähe von Turc St. Martin in der Tschechoslowakei vermutet man das Grab Attilas. Die Sagen der Bauern in der Gegend bezeugen es. Jetzt hat man angefangen, diesen Hügel mit dem Spaten anzugehen.

Der Hügel steht schon lange da, und schon lange vermutet man in ihm Attilas Grab. Aber noch niemand war mutig genug, von der Vermutung zur Gewißheit einen Stollen zu graben. Wir hören, daß

ein Prager Ingenieur der Mann ist, den die Unge-
wißheit nicht länger schlafen läßt.

Die Leute in der Gegend lachen über ihn. Sie halten
ihn für verrückt. Jetzt gräbt er schon ein halbes
Jahr, und allmählich hat er sein ganzes Vermögen in
seine Neugier hineingesteckt. Möglicherweise ist er
wirklich ein wenig verrückt. Deshalb über ihn zu
lachen, wäre anmaßend und dumm. Auch einer
Verteidigung bedarf er nicht.

Erstens hat er schon einige eiserne Grabplatten
gefunden. Das Geheimnis hat ihm die Hand ge-
reicht. Wohin es ihn führen wird, müssen wir dem
Geheimnis überlassen. Entweder wird er der Mann
sein, der Attilas Grab entdeckt hat, wofür ein Vermögen ein geringer Preis ist, oder er wird ein Mann
sein, der sein Geld an ein Geheimnis verschenkt hat.
Dann ist er der allgemeinen Hochachtung wert.

Die Männer, die Geld und Leben für Geheimnisse
riskieren, sind die Entdecker. Es sind die Feldherren, die die Schlachten wagen gegen das Unbekannte. Die Menschheit verdankt ihnen so viel wie
den Königen und den Dichtern. Wir kennen nur die
wenigen, die in diesen großartigen und gefährlichen
Feldzügen gegen das Unbekannte siegreich geblieben sind. Unbekannt rings auf der weiten Erde und
in der großen See sind die Tausende verschwunden,
die ihre Schlachten verloren haben, angefangen bei
jenen polynesischen Häuptlingen, die von ihren
Südseeinseln aus Amerika entdeckten, und jenen
griechischen Kaufleuten, die weit über die Säulen
des Herkules hinaussegelten und im weiten Ozean
untergingen, bis zu den Männern, die heute noch im

Urwald des Amazonas oder in den Eiswüsten Kanadas ihr Leben enden.

Der Spaten des Mannes in Turc St. Martin klopft an die Grabplatten der Vergangenheit. Seiner Narrheit gebührt unsere Verbeugung.

Heldenwäsche

Die Engländer feiern zur Zeit ihren größten Admiral, Lord Nelson, den Sieger der Seeschlacht von Trafalgar. Sicher gibt es niemanden, den zu feiern sie mehr Grund hätten. Trafalgar ist einer der großen Augenblicke der englischen Geschichte. Von Trafalgar an datiert das Empire, das größte und mächtigste Reich, das die Erde je gesehen hat.

Generationen fleißiger Historiker haben mit der Geschichte dieser erstaunlichen Schöpfung Bibliotheken gefüllt. Sie haben alte Urkunden studiert, die Verhältnisse erforscht, die Zusammenhänge aufgedeckt und uns ein wundervoll geschlossenes Bild der Entwicklung entworfen, aus welchem wir ersehen können, wie und wann es dazu kam, und daß es so und so kommen mußte. Es ist ohne Zweifel ein erlesenes Vergnügen, die Früchte dieser fleißigen Arbeit abends in einem bequemen Lehnstuhl zu genießen. Ein Buch, das zu schreiben drei Jahre dauerte, ist in drei Stunden gelesen. Man bewundert die eminenten Anstrengungen des menschlichen Geistes, zu beweisen, was geglaubt wird. Freilich, es ist immer noch leichter, zu beweisen, was geglaubt wird, als zu glauben, was bewiesen wird. Denn, mögen die Beweise auch anscheinend lückenlos sein, sie sind es nur scheinbar. Man kann sogar sagen, daß eigentlich immer das Wichtigste fehlt.

Die Engländer haben ihrem großen Helden zu Ehren den Mittelpunkt Londons, der noch immer der Mittelpunkt einer Welt ist, Trafalgar Square genannt. Es war die höchste Ehrung, die sie zu vergeben hatten. Gewiß, der Bürger Londons kreuzt, ohne sich viel Gedanken zu machen, ein halbes dutzendmal täglich den Trafalgar Square. Aber vor dem Britischen Museum staut sich heuer eine neugierige Menge. Das Britische Museum zeigt eine Gedächtnisausstellung für Nelson, der 1758 geboren wurde. Niemand könnte erraten, was dort neben den tausendjährigen Mumien ägyptischer Könige, neben den uralten Steingöttern von der Osterinsel, neben dem Parthenonfries und den schweigenden goldenen Buddhas des Ostens ausgestellt ist. Es ist nicht die Kugel, die das Bein des großen Mannes zerschmetterte. Es sind nicht seine Orden, deren er die vornehmsten besaß, die England zu vergeben hatte. Es ist die Babywäsche Nelsons, die das Volk mit Ehrfurcht und Rührung betrachtet.

Das Habeas-Corpus-Gesetz ist gewiß für die Geschichte des Britischen Weltreiches von einer kaum zu überschätzenden Bedeutung. Aber tatsächlich ebenso wichtig war die Amme Nelsons, jenes schlichte Mädchen aus irgendeinem Dorf in Sussex, dessen Namen man heute nicht mehr kennt. Die Amme war es, die die Zukunft des Empires in den Händen hielt, als sie am zartesten und am höchsten gefährdet war. Man bedenke, wie aufregend doch das Leben ist. Wenn die Amme den kleinen Mann, dessen Lebenselement das Wasser werden sollte, auch nur einmal zu heiß gebadet hätte, England hätte in seiner größten Schlacht keinen Admiral gehabt. Sie war es, die dem kleinen Mann die Geschichten erzählt hat von den großen Königen Englands bis zu den Abenteuern des Matrosen Alexander Selkirk, der als Robinson in ganzen Generationen von Knaben das edle Feuer der Tapferkeit und Abenteuerlust entzündet hat. Es ist die schlichte Sprache des Mädchens von Sussex, die den Admiral später zu Aussprüchen befähigte, die Geflügelte Worte wurden. Er sagte nicht: „Ich hoffe, daß jedermann ein Held sein wird." Er sagte: „Ich hoffe, daß jedermann seine Pflicht tun wird." Das ist wahrhaftig die Sprache eines großen Soldaten. Sicher sind es auch böse Erfahrungen mit einigen Maulschellen von der Hand des Sussexmädchens, die er nachher in den berühmten Ausspruch zusammenfaßte: „If you lie stick to it – Wenn Du lügst, bleib dabei!" – ein Ausspruch, der den ganzen Machiavelli in nur sechs Worten enthält.

Mögen wir immerhin uns an den brillanten Beweisführungen der Historiker ergötzen, die Geschichte wird ebensosehr von Königen wie von Ammen gemacht. Man sollte eine Windel des kleinen Admirals an die Säule des großen hängen. Dies wäre vielleicht die erste Flagge, die zu Ehren der Weisheit auf Erden wehte.

Eine Nachricht

Der Chronist sitzt am Landwehrkanal des Lebens und angelt. Ob er es zu seinem Vergnügen tut, wollen wir dahingestellt sein lassen. Jedenfalls tut er es zum Vergnügen des geneigten Lesers. Heute hat er ein Adjektivum geangelt. Dieser Fang zwingt dazu, daß wir uns auch einmal mit dieser bescheidenen Sorte von Wörtern befassen. Dabei werden wir entdecken, daß die Adjektiva, ohne viel Aufhebens, einen beträchtlichen Teil unserer Welt besetzt halten. Das tun sie so geschickt, daß wir nicht das geringste davon merken. Man würde sich kein bißchen wundern, wenn die Adjektiva Femina wären von der Art der Hausdamen oder Privatsekretärinnen. Tatsächlich ist das Adjektivum ein ebenso unverbindliches Neutrum wie das Mädchen. Nur die Art, wie sie beide die Verben verbindlich an sich ziehen, ist eben durchaus nicht unverbindlich. Das Adjektivum an unserer Angel fand sich in der Rubrik „Nachrichten aus aller Welt".

„Ein plötzlich irrsinnig gewordener Mann hob in Saloniki (Griechenland) sein gesamtes Bankkonto von 25 000 Drachmen ab und verteilte es an einer Straßenecke. Passanten und Straßenjungen rissen sich um das Geld, bis die Polizei dem Treiben ein Ende machte."

Wir haben es hier mit einem wahren Meisterwerk von Nachricht zu tun. Aus dieser Nachricht auch nur eine Anekdote zu machen, hieße, sich einer unziemlichen Breite bemüßigen. Man könnte, in sieben Hauptabschnitten mit siebenundzwanzig

Kapiteln, eine Abhandlung darüber schreiben. Das Vollkommene ist unbegrenzt kommentierfähig. Das kann man am Corpus Juris Romanum sehen, das an Klarheit vollkommen, an der griechischen Architektur, die an Schönheit vollkommen, an Shakespeare, der an Tiefe vollkommen ist. An jede Vollkommenheit schließt der Kommentar sich an, weil nichts auf Erden vollkommen sein kann.

Es beruhigt uns, daß es 25 000 Drachmen sind und nicht 250 000. 25 000 Drachmen fangen gerade erst an, so etwas wie ein Vermögen zu sein. 250 000 Drachmen hätten sich vermutlich auch nicht verteilen lassen, ehe die Polizei dem Treiben ein Ende machte. Daß der Mann plötzlich irrsinnig geworden sein soll, nehmen wir nur mit Zurückhaltung entgegen. Es kann sehr wohl sein, daß der Prozeß, dessen dramatisches Ende wir miterleben, sich in vielen Jahren langsam entwickelt hat. Vielleicht hat das, was bei der fünfundzwanzigtausendsten Drachme zum Ausbruch kam, bei der ersten Drachme angefangen. Nur wir sind nicht imstande, die Folgerichtigkeit einer Entwicklung zu sehen, deren Beweggründe wir nicht kennen.

Das Verhalten der Passanten steht zu dem der Straßenjungen in einem scharfen moralischen Gegensatz, obgleich sie sich beide um das Geld rissen. Es ist das gute Recht von Straßenjungen, herumzulungern und sich etwas in den Schoß fallen zu lassen, und sei es das Glück. Es läßt sich nicht das geringste gegen die Straßenjungen sagen. Das, was ihnen geboten wurde, ergriffen sie. Sie warten immer auf irgend etwas, was unvermutet ihnen zufällt

– einen Zigarettenstummel, eine Orange, eine Back-
pfeife, einen Dukaten. Sie leben dafür, das Unerwar-
tete als Geschenk der Götter hinzunehmen. Nicht
so die Passanten! Jeder von ihnen ist ein ordent-
licher Mensch, der von irgendwoher kommt und
irgendwohin geht. Jeder von ihnen lebt nach dem
Grundsatz, daß eine Krähe die andere wäscht und
jeder Arbeiter die Hälfte seines Lohnes wert ist.
Jeder Passant, der sich ins Gewühl der Straßenjungen stürzt, irrt um schnöden Mammons willen ab
vom Wege der Tugend. Keiner der Straßenjungen
kommt auch nur einen Augenblick auf den Gedanken, darüber nachzudenken, was den Mann veranlaßt haben könnte, sein Geld unter die Leute zu
werfen. Jeder der Passanten ist in dem Augenblick,
in dem er die Situation erfaßt hat, der Überzeugung,
daß es sich um einen plötzlich irrsinnig gewordenen
Mann handelt. Im selben Augenblick ist er bereit, in
schäbiger Weise die Situation auszunützen.
Was wohl mag den Mann veranlaßt haben, also
seinem Vermögen Ziel und Ende zu setzen? Der
Chronist kann es sich nicht versagen, vorher noch
auf eine Feinheit in dieser Nachricht hinzuweisen,
die entdeckt und aufgezeigt zu haben, ihm, wie er
hofft, den Ruf eines vollkommenen Kommentators
einbringen wird. Der Mann nämlich, der da angeb-
lich plötzlich irrsinnig geworden ist, wählte, um
sein Geld zu verteilen, nicht die Straße schlechthin,
sondern eine Straßenecke. Kein Dichter, fürwahr,
könnte sich die Szenerie wirkungsvoller ausdenken.
Wie ein leichter Wind um diese Ecke streicht, wie
ein Hundertdrachmenschein hinaufgeweht wird

auf einen Balkon, um einem glutäugigen Kind des Südens die Erfüllung eines Traumes zu bringen, wie „von allen Seiten" die Gier herbeistürzt und wie schließlich der Schauplatz nach diesem unwahrscheinlichen Vorgang sich entleert – der ganze Ablauf wird mit poetischer Prägnanz allein durch die Ecke vor unserem Auge heraufbeschworen. Nun aber ist alles vorbei. Die Straßenjungen eilen glücklich mit ihrer Beute davon. Die Passanten drücken sich hastig ins Gewühl, Krähenblicke voll schlechten Gewissens verstohlen um sich werfend.

Der Mann sitzt auf der Polizeiwache und ist vermutlich glücklich. Er hat die Absicht gehabt, sein Geld loszuwerden. Das ist ihm gelungen. Ein Psychiater wird ihn begutachten. Natürlich wird der Psychiater zu demselben falschen Ergebnis kommen, das der Shakespeare der Nachricht aus aller Welt durch sein Adjektivum vorweggenommen hat. Man könnte sich eine Welt vorstellen, in der solche Leute nicht dem Psychiater, sondern dem Philosophen zur Begutachtung vorgeführt würden. Der Philosoph würde bei diesem Manne tiefe Einsichten über das Wesen des Geldes entdecken. In dieser Welt würde die Nachricht nur um ein bescheidenes Adjektivum anders aussehen. Wie sehr möchte der Chronist sich und seinem geneigten Leser wünschen, in einer Welt zu leben, in der diese Nachricht lautete: „Ein plötzlich einsichtig gewordener Mann . . . hob sein gesamtes Bankkonto ab . . . und verteilte es an einer Straßenecke . . ."

Sanctus Franziscus in San Francisco

Man kann die Menschen einteilen in solche, die in den Zoo gehen, und solche, die nicht in den Zoo gehen. Die freilich, die nicht in den Zoo gehen, gehörten in einen Zoo. Sie sind zwar keine Unmenschen. Aber Untiere sind es schon.

Ich leider kann mich nicht damit begnügen, einfach nur so vor den Straußen auf- und abzustelzen. Beschäftigt mit der Erforschung der menschlichen Seele, frage ich mich, warum auch andere da so stelzen. Das Zoomotiv ist ein wichtiges Element der praktischen Psychologie. In den meisten Fällen dürfte es sich um ein brüderliches Gefühl franziskanischer Erinnerung handeln. Auch sieht fast jeder Mensch irgendeinem Tier ähnlich. Es gibt solche mit Pferdegesichtern. Nebenbei gesagt ist das eine sehr anständige Sorte. Beinahe die einzige Klasse von Menschen, bei denen Pferdegesichter niemals vorkommen, sind die Pferdehändler.

Der alte Buchhalter meines Vaters war ein Storch. Wie mancher Oberst a. D. läuft als Marabu herum! Professorenpinguine sind von Pinguinprofessoren kaum zu unterscheiden. Auf meiner Trambahn der Kondukteur ist ein stilles Gnu.

Ich besuche den Zoo, um die Phantasie der Schöpfung zu bewundern. Was für ein göttlicher Einfall – das Kamel! Und vor dem Gebirge Bär kann man länger staunen als vor dem ganzen Jungfraumassiv.

Ich bin überzeugt, daß es manchen gibt, der mit den Vögeln tauschen möchte. Ein solcher Wunsch scheint mir verständlich. Und neulich hörten wir von einem jungen Mann, der einen solchen Tausch wirklich vorgenommen hat.

Es handelt sich um einen jungen Künstler, einen offensichtlichen Liebhaber der Freiheit, und zwar nicht der eigenen, sondern der Freiheit anderer. Der vortreffliche junge Mann schlich sich eines Nachts in den Zoo von San Francisco, öffnete das Vogelhaus und entließ Adler und Kolibri in die Freiheit. Diese Maßnahme hatte eine beträchtliche Reihe von Folgen, von denen einige vorauszusehen, andere unvorhersehbar waren.

Zu den vorauszusehenden Folgen gehörte, daß die Freiheit nur dem Adler gut bekam. Wenn auch der Kolibri höher zum Himmel aufstieg als jemals zuvor, so doch nur im Magen des Adlers.

Zu den unvorhersehbaren Folgen gehörte, daß die Gänse sich, aus Dankbarkeit, von ihrem Befreier nicht trennen mochten und so lange und so laut schnatternd hinter ihrem Wohltäter herliefen, bis ein Nachtpolizist ihn verhaftete.

Am nächsten Vormittag schon war der Wohl- und Übeltäter vom Schnellrichter zu acht Tagen Haft verurteilt. Der junge Mann hatte Geist genug, den Polizeirichter zu bitten, diese acht Tage in dem nunmehr vakanten Vogelhaus des Zoos verbringen zu dürfen. Der Polizeirichter, ein Stoiker, hatte Geist genug, ihm diesen mildernden Umstand zu bewilligen. Da sitzt er nun, dieser seltene Vogel, zur Freude aller anderen Stoiker, im Vogelhaus von San Francisco, umschnattert von seinen Gänsen, die, wenn sie auch das Kapitol nicht gerettet haben, diese nächtliche Geschichte ans Tageslicht brachten.

Niemals haben die San Franciscaner soviel Anteil an ihren Zoovögeln genommen als seit der Nacht, da sie verschwunden sind. Niemals waren die San Franciscaner dem heiligen Franziscus so nahe wie beim Anblick dieses jungen Mannes, der tat, was sein mitleidiges Herz nicht lassen konnte.

Nur der Kolibri stimmt uns traurig.

Polykrates in Chikago

In Chikago läuft zur Zeit ein Mann herum, der eine Sorge eigener Art hat. Es ist eine polykratische Sorge, eine so seltene Art von Sorge, daß über sie berichtet werden muß. Der Mann in Chikago ist in Sorge, daß er seine wertvolle goldene Uhr, anno 1735 in Liverpool angefertigt und seit Generationen im Besitz der Familie, wiederbekommt. Wohlgemerkt, er ist nicht etwa in Sorge, daß er sie nicht wiederbekommt. Er ist in Sorge, daß er sie wiederbekommt. Wir kennen diesen Mann nicht. Niemand kennt ihn. Das ist sein Glück. Doch können wir seine Existenz und seine Sorge mit Hilfe der Logik haarscharf nachweisen. Die Existenz eines Menschen zu beweisen, den niemand kennt, ist eine dankbare Aufgabe.

In der Hand haben wir die goldene Uhr. Sie wurde im Magen eines Fisches im Michigansee gefunden. Das ist ein merkwürdiger Aufenthaltsort für eine goldene Liverpooler Uhr aus dem Jahre 1735. Wir fragen uns, wie ein so wertvoller Gegenstand in den

Magen eines Fisches kommt. Sogleich fällt einem
der Ring des Polykrates ein. Das ist der einzige Fall,
bei dem etwas Derartiges schon einmal sich ereignet
hat. Die näheren Umstände sind bekannt. Ohne
Zweifel hat auch der Mann, dem die Liverpooler
Uhr gehört, den Göttern ein Opfer bringen wollen.
Daß er sie zufällig verloren hätte, kann man nicht
annehmen. Liverpooler Uhren von 1735 trägt man
an einer goldenen Kette. Leute, die eine kostbare
goldene Uhr an goldener Kette tragen, haben immer
eine Weste an. Eine Weste zieht man nicht einmal beim
Rudern aus.
Selbst wenn man annehmen wollte, daß der Mann
die Weste beim Rudern ausgezogen hätte, hätte man
im Magen des Fisches die Knöpfe der Weste finden
müssen. Von dergleichen Knöpfen war aber nicht
die kleinste Spur zu entdecken.
Es steht also außer jedem Zweifel, daß die Uhr
sorgfältig von der Weste abgenommen und ins
Wasser geworfen wurde. Dafür gibt es nur ein
Motiv. Es ist das des Polykrates, ein Übermaß von
Glück durch ein Opfer an die Götter ausgleichen zu
wollen. Der Leser wird vielleicht erwarten, daß der
Chronist nun dazu übergeht, Mutmaßungen anzu-
stellen über das Glück, das der Mann mit der Uhr
aus Liverpool ausgleichen wollte. Aber derart bo-
denlose Mutmaßungen haben in einer so streng
logischen Untersuchung, wie diese es ist, nichts zu
suchen. Sicher ist es kein Glück von der gewöhnlichen Art gewesen, etwa ein Großes Los oder ein
gelungener Börsencoup. In einem solchen Fall wirft
man den Fischen ein Freilos oder ein paar Aktien

zu. Daß der Mann ein altes Familienerbstück preisgab, beweist, daß sein Glück von höherer Art gewesen sein muß. Darüber werden wir erst etwas erfahren, wenn der Mann gefunden sein wird. Auf jeden Fall wird er in dem Augenblick, da er glücklich gefunden sein wird, schon unglücklich sein. Von diesem Augenblick an ist er vom unberechenbaren Zorn der Götter bedroht.

Der scharfsinnige Leser darf nunmehr jenen Einwand vorbringen, den vorzubringen er kaum noch erwarten kann. Die Uhr ist von 1735 und der Fisch – ist's vielleicht ein Karpfen, der schon hundert Jahre alt ist? Dann könnte der Mann, dem die Uhr aus Liverpool gehörte, seit fünfzig Jahren tot sein. Dieses wäre, vom Gesichtspunkt der literarischen Vollkommenheit des Fischmagenfundes, in höchstem Grade zu bedauern. So sympathisch uralte Karpfen sind, in diesem Falle hätte der Karpfen gewissermaßen den Punkt auf dem »i« gefressen. Dann wüßten wir, daß die Götter seinerzeit das Geschenk des Polykrates aus Chikago angenommen hätten. Das würde bedeuten, der Mann, der die Uhr ins Wasser warf, durfte sich weiter seines Glückes freuen, bis er schließlich darüber starb. In diesem Falle hätte es in der ersten Hälfte des neunzehnten Jahrhunderts einen vollkommen glücklichen Mann gegeben, und wir wären in der beklagenswerten Lage, nicht einmal seinen Namen zu wissen!

Der Fisch ist glücklicherweise kein Karpfen, sondern ein Hecht. Hechte sind gierig. Sie werden nicht uralt. Der Fischsachverständige des Chikagoer Fundbüros stellte fest, daß das inkriminierte Tier höchstens acht oder zehn Jahre alt, und höchstens seit drei Jahren groß genug sei, eine goldene Uhr zu verschlucken. Der Mann also lebt. Über kurz oder lang wird er gefunden werden. Dann haben die Götter ihm auf das Deutlichste gezeigt, daß sie keine Geschenke von ihm nehmen. Von da an hat er mehr zu fürchten.

Was könnte der Unglückliche tun, dem Zorn der Götter zu entgehen?

Die Götter, offenbar, haben Sinn für Fairneß. Zweifellos doch hätte es schon bei dem Tyrannen von Samos in ihrer Macht gestanden, den Ring, den er, ihnen zu opfern, ins Meer warf, zu behalten und ihn gleichwohl zugrunde zu richten. Dazu waren sie zu anständig. Nachdem sie beschlossen hatten, ihn zugrunde zu richten, wollten sie wenigstens keine Geschenke mehr von ihm annehmen. So sandten sie ihm seinen Ring per Eilfisch zurück. Schon in der Tertia haben wir uns gefragt, warum der weise Solon sich so eilig aus dem Staube machte, anstatt seinem Freund den Ratschlag zu geben, den Ring sogleich wieder ins Meer zu werfen. Wahrscheinlich hatte Solon, des samischen Weines ungewohnt, einen in der Krone, so daß seine Weisheit nicht mehr voll funktionsfähig war. Hätten die Götter den Ring wiedergehabt, hätten sie, fair wie sie sind, solange sie den Ring besaßen, nichts gegen Polykrates unternehmen können. Dem chikagesischen Polykrates werden wir den Ratschlag geben, seine Uhr, wenn er sie glücklich zurückbekommt, alsogleich wieder in den Michigansee zu werfen. Dann kann er seine Tage in Frieden zu Ende leben.

Sollte die Uhr ein zweites Mal wiederkommen, müssen wir das Unglück dieses Mannes in Kauf nehmen dafür, daß wir die Macht der Götter bewundern dürfen. Die polykratische Sorge, diese seltene Abart der gemeinen Spezies Sorge, gehört zu jener Art von Sorgen, die man haben möchte. Wie auch immer der weitere Verlauf der Ereignisse sein wird, auf alle Fälle müssen wir der Dame Logik dankbar sein. Sie erlaubte uns, aus einer goldenen Uhr im Bauche eines Fisches im Michigansee zu schließen, daß die Götter fair sind.

Babylächeln

Polizisten haben von Berufs wegen mit menschlichem Unglück zu tun. Sie können es sich nicht leisten, sentimental zu sein. Herzen, die nicht sentimental sind, haben Platz für Gefühle. Wer über menschliche Verirrungen Bescheid weiß, weil er sich von Berufs wegen mit ihnen beschäftigen muß, ist am wenigsten von ihnen bedroht. Ärzte pflegen nicht krank zu sein. Polizisten pflegen menschenfreundlich zu sein. Wahrscheinlich gibt es in keiner Großstadt einen besseren Ehemann als den jeweiligen Fachbearbeiter für Heiratsschwindel. So weise ist die Welt eingerichtet.
Natürlich besagt es nicht viel, wenn Polizisten unsere kleinen Verkehrssünden mit einem Lächeln passieren lassen, als ob es Kinderstreiche wären. Wenn sie nobel sind und darauf verzichten, die

verwirkte Mark zu kassieren, sind sie es nicht auf ihre eigenen, sondern auf Kosten des Staatssäckels. Es käme darauf an, eine noble Geste festzustellen auf Kosten des eigenen Polizistensäckels.

Eine solche Geste lieferte vor einigen Tagen ein Polizist, dem es oblag, in seinem Bereich die öffentlichen Fernsprechzellen zu kontrollieren. Da kann eine Handtasche liegenbleiben, eine Katze sich den Schwanz einklemmen, ein Landstreicher bei Regen Unterschlupf suchen. Es ist also durchaus notwendig, daß da kontrolliert wird.

In einer solchen Fernsprechzelle fand besagter Polizist bei seinem Morgenrundgang ein ausgesetztes Baby. In seiner Windel steckte ein Zettel, aus dem hervorging, daß eine vom Schicksal verfolgte Mutter diesen Weg gewählt hatte, dem Kind zu seiner Milch zu verhelfen. Ein Vertrauenswechsel auf unbekannte Güte! Dasselbe Schicksal, das aus unerfindlichen Gründen die Mutter so weit getrieben hatte, sandte einen nach der Kleiderordnung Ziffer 16, Absatz b (kleiner Dienstanzug) vorschriftsmäßig bekleideten Engel, der diesen Wechsel in Empfang nahm. Es hätte ebensogut ein Zigeuner sein können, der im Münzauswurf nach vergessenen Groschen der Aufregung suchte. Dann wäre das Los des Kindes nicht das allerbeste gewesen. Es erschien der Beamte vom Revier.

Auch ein Beamter im Dienst hat das Recht, sich Gedanken zu machen. Er mag eine Mutter bewundern, die in all ihrem Unglück Vernunft genug besaß, dem Kind noch eine Chance zu geben, statt es aus Liebe verhungern zu lassen oder mit ins

Wasser zu nehmen. Babys leben gerne. Man erkennt das sofort, wenn man eines mit Aufmerksamkeit betrachtet. Ein runder Kieselstein macht einem Baby mehr Freude, als uns der gestirnte Himmel über uns oder das moralische Gesetz in uns.

Sicher gibt es Dienstvorschriften über die Behandlung von in Fernsprechzellen ausgesetzten Babys. Es scheint, daß der Beamte vom 16. Revier sich weder Gedanken gemacht noch die Dienstvorschrift in Betracht gezogen hat. Offenbar hat er das Baby nur betrachtet. Das heißt – man sollte nicht sagen „nur". Eine Sache vorurteilslos und gedankenlos zu betrachten, ist etwas, was Menschen gemeinhin nicht vermögen. Es ist Unvermögen, wenn sie verächtlich von einem sprechen, der etwas gedankenlos tut. Eine Sache, die man von Herzen gern tun will, muß man ohne Gedanken dahinter, ohne Hintergedanken tun.

Der Beamte vom Dienst betrachtete das Baby, das in der Telefonkabine lag. Es lächelte. Es lächelte der gesetzlichen Ordnung ins Auge. Hier vielleicht könnte man sich einen Gedanken machen. Woher und aus welcher Quelle stammt das Lächeln eines Babys? Aber das ist mehr eine Frage als ein Gedanke, noch dazu eine von jenen seltenen und köstlichen Fragen, auf die uns niemals weder ein Dummkopf noch ein Klugkopf eine Antwort wird vorschwindeln können. So fragwürdig die Herkunft des Babylächelns ist, dieses galt dem Beamten vom Dienst. Der treffliche Mann nahm sich das Lächeln, das ihm galt. Er nahm es sich zu Herzen. Er hob das Baby auf, ging hin und adoptierte es.

Wieviel zaghaftes Lächeln in dieser Welt kommt als unbestellbar zum Absender zurück. Das Lächeln dieses Babys hat seinen Empfänger gefunden. Das heißt man einen Kurzschluß. Bei einem Kurzschluß brennen die Sicherungen durch.

Wie stolz sind wir, wenn wir einen Sender aufbauen, der in dreitausend Meilen Entfernung noch einen Empfänger in Bewegung setzt. Wenn aber auf drei Meter ein Lächeln abstirbt, haben wir nicht das Bedürfnis, die Sende- und Empfangsverhältnisse technisch zu verbessern. Ein Marconi des Lächelns könnte Erfindungen machen, die die Menschheit in Erstaunen setzen würden. Ein Edison, der uns statt einer Birne ein Licht aufsteckte, könnte unserer Verehrung sicher sein. Solange die Technik uns nicht durch ihre Vollkommenheit in vollkommene Langeweile versetzt hat, wird das wichtige Gebiet herzlicher Verbindungen brachliegen. Wir wollen die Hoffnung nicht aufgeben, solange das Lächeln eines Babys in das Herz eines Polizisten vom Dienst einzudringen vermag!

Arabesken des Daseins

Eine galante Überraschung

Als Balzac „La Femme de Trente Ans" schrieb, eroberte er einer ganzen Generation von Frauen ein volles Jahrzehnt hinzu. Bis dahin herrschte die Meinung, daß ein Mädchen von fünfundzwanzig Jahren eine alte Jungfer und eine Frau von dreißig „passée" sei. Nicht zuletzt war es die Dankbarkeit der Frauen, die Balzac zu seinem weltweiten Ruhm verholfen hat.

Neuerdings hat ein Buch von sich reden gemacht, das von dem Grundsatz ausgeht, das Leben beginne mit vierzig.

Auch diesem Autor ist Ruhm geworden, und nicht nur durch die Dankbarkeit der Frauen, sondern auch durch die der Männer. Wenn eine Frau von vierzig einige graue Haare hat, haben Männer von vierzig zuweilen gar keine Haare mehr. Es ist uns bekannt, daß die Eitelkeit der Männer beträchtlich größer ist als die der Frauen. Auch ist sie empfindlicher, weil sie nur verborgen vor dem Spiegel im stillen Kämmerlein sich hervorwagt.

Balzacs Sieg war vollständig. Es war der Sieg über ein durch nichts begründetes Vorurteil. Ob die Zustimmung, die der Mann finden wird, dessen Leben mit vierzig beginnt, ein ebensolcher Sieg sein wird, muß sich erst herausstellen. Vielleicht ist es nur das Echo der Betroffenen, die es wahrhaben möchten, daß mit vierzig begänne, was mit zwanzig Jahren zu beginnen sie versäumt haben. In hundert Jahren werden wir darüber genau Bescheid wissen. Es ist nicht so einfach, der Menschheit ein Jahrzehnt hinzuzuerobern. Sicher ist nicht einmal, daß man Dankbarkeit dafür erntet – wovon die Ärzte, die dieses großartige Kunststück zweimal in einem Jahrhundert fertiggebracht haben, ein arg Liedlein singen könnten.

Irgendwann müssen wir uns entschließen, alt werden zu wollen. Ob wir das nun mit dreißig oder mit fünfzig tun, ändert nichts daran, daß es eine Aufgabe ist, die ebensoviele Möglichkeiten von Siegen und Niederlagen enthält wie die Aufgabe, jung zu sein. Nur sind die Niederlagen, die ein alter Esel erleidet, blamabler als die eines jungen. Siege von Jubilaren sind weniger jubilant als Siege von Jünglingen, denen die Götter wohlgefällig sind.

Bevor aber nun ein Autor kommt, der Ruhm damit ernten will, uns zu beweisen, das Leben beginne mit fünfzig, wollen wir uns nach festen Anhaltspunkten umsehen. Der Chronist ist in der Lage, zumindest

den Leserinnen eine galante Überraschung zu bereiten. Dabei möchte er vermeiden, seine Anhalts-
punkte den Schwankungen zeitgenössischer Bewer-
tung auszusetzen. Er greift auf einen gesicherten
Bestand der Antike zurück, auf die Autorität des
alten Homer, des weisen Vaters der Dichtkunst.
Als Odysseus nach Ithaka zurückkehrte, stieß er in
seinem Hause auf zwei Dutzend Freier, die sich um
Penelope bewarben. Wie alt war damals Penelope?
Sie hatte einen erwachsenen Sohn, Odysseus war
zwanzig Jahre abwesend gewesen, zehn Jahre im
Schützengraben und zehn Jahre auf der Heimreise.
Penelope muß bei Odysseus' Rückkehr etwa vierzig
Jahre alt gewesen sein. Penelope, eine Frau von
vierzig, fand noch zwei Dutzend Männer, die das
Leben mit ihr beginnen wollten.
Ein scharfsinniger Gegner könnte dem Chronisten
entgegnen, daß es sich bei diesen Bewerbern kaum
um Leute gehandelt habe, die eine Liebesheirat
eingehen wollten. In der Tat war Penelope eine
vermögende Dame. Unter den Freiern, die alle den
Trojanischen Krieg nicht mitgemacht hatten, mag
sich mancher Schildfabrikant und mancher Speerge-
winnler befunden haben. Unseren scharfsinnigen
Gegner vermögen wir leicht aus dem Sattel zu
heben. Er wird sich verblüfft im Sande wiederfinden
angesichts der Frage, wie alt eigentlich Helena war,
als Paris sie entführte. Er wird zugeben müssen, daß
ein so verrücktes Unternehmen nur aus Liebe geschehen konnte.
Ein witziger, im Homer vortrefflich beschlage-
ner schwedischer Gelehrter hat das ausgerechnet.

Niemand scheint dazu geeigneter als ein Landsmann jener Helena von Hollywood, um die schon längst ein Krieg entbrannt wäre, wenn Männer noch so galante Helden wären wie zur Zeit Homers. Helenas Schwester war Klytaimnestra, die Gattin Agamemnons, des Königs von Mykene. Sie war nach Homers eigenen Angaben nur wenig älter als ihre Schwester Helena. Eines ihrer Kinder ist Iphigenie, die bei Ausbruch des Trojanischen Krieges zwanzig Jahre alt war. Klytaimnestra war also damals mindestens vierzig Jahre alt und Helena, als sie geraubt wurde, war vielleicht achtunddreißig oder neununddreißig. Als sie nach Griechenland zurückkehrte, war sie achtundvierzig Jahre alt.

Wir wissen nicht, ob es noch viele so schöne Frauen wie Helena in Griechenland gegeben hat. Es geht den Frauen mit der Schönheit wie den Feldherren mit dem Ruhm. Gesichert ist ihr Gedächtnis am ehesten, wenn sie einen finden, der sie in Stein oder Erz festhält, sie auf ein wenig Leinwand malt oder ihnen einige flüchtige Verse widmet. Was wüßten wir noch von Colleoni, wenn Verrocchio ihn nicht in Erz gegossen hätte. Wie vollständig hätten wir den Prinzen Eugen vergessen, wenn nicht ein Soldat am Lagerfeuer dem edlen Ritter einige unsterbliche Verse gewidmet hätte. Nicht jeder kann, wie Gaius Julius Caesar es so überzeugend getan hat, die Geschichte seines Ruhms mit den Berichten über seine siegreichen Feldzüge beginnen.

Selbst wenn es in Griechenland nur diese eine Frau von so edler Schönheit gegeben hätte, wüßten wir doch, daß die Männer der Antike bereit waren, für eine schöne Frau von vierzig Jahren einander die Heldenschädel einzuschlagen.

Wahrscheinlich hätten sie das auch getan, wenn Helena erst zwanzig gewesen wäre. Aber bei Homer, dem Vater der Dichtkunst, ist nichts zufällig. Es kommt also für die Frauen nicht so sehr darauf an, daß sie zwanzig sind oder daß sie, wenn sie vierzig sind, wie zwanzig aussehen, sondern daß sie, wenn sie die Vierzig überschritten haben, einen finden, der bereit ist, eine abgründige Verrücktheit für sie zu begehen.

Für Helena hat das Leben tatsächlich mit vierzig Jahren begonnen. Freilich, mit vierzig Jahren war auch ihr Glück zu Ende.

Die geneigten Leserinnen, die der Chronist so angenehm überraschen konnte, haben den Gewinn, daß sie über·ihre ersten grauen Haare nicht betrübt sein müssen. Natürlich haben sie die Pflicht, nunmehr ein wenig im Homer zu lesen. Wenn sie sich bisher vor ihm gefürchtet haben, weil er so eminent klassisch ist, werden sie ihm jetzt ihre Dankbarkeit bezeugen müssen. Es läßt sich nicht leugnen, daß Homer künftig zu den galanten Autoren gerechnet werden muß.

Die Dichter sind es, die Sie, liebe Leserin, trösten werden, wenn Sie fünfzig geworden sind.

Streitbare Kunst

Wenn man Ideale näher untersucht, findet man gewöhnlich, daß sie Forderungen enthalten, die zu erfüllen die menschliche Natur ganz besonders wenig Neigung zeigt. Das Ideal der Frömmigkeit erscheint uns deshalb als etwas besonders Bewunderungswürdiges, weil der Mensch von alters her ein so hervorragendes Talent dazu hat, Sünde auf Sünde zu häufen.

Es gehört, zum Exempel, heute nicht mehr zu den menschlichen Idealen, auf zwei Beinen zu gehen. Das ist nur so lange ein Ideal gewesen, als es uns entsetzlich schwerfiel, die Balance auf den Hinterbeinen zu halten. Seit wir alle dieses Ideal erfüllen, haben wir die Anstrengungen, die es uns gekostet hat, vergessen. Sich an erreichten Idealen zu erfreuen, gehört nicht zu den Bedürfnissen der menschlichen Seele. Für den Sachverhalt des erreichten Ideals hat die Sprache keinen Ausdruck. Nur die Gesamtsumme aller erreichten Ideale wird mit dem Worte Zivilisation bezeichnet. Sie zu verachten, gehört zum guten Ton.

Man könnte die Lehrer der Weisheit fragen, ob es einen Sinn habe, Idealen nachzustreben, da sie doch, nachdem sie erreicht sind, ihren Wert verlieren. Aber die Philosophen haben dieser Frage rechtzeitig vorgebeugt. A priori lassen sie als Ideal nur gelten, was von vornherein als kaum erreichbar angesehen werden kann. Nun gibt es hohe und edle Ideale, die allen Forderungen der Philosophen gerecht werden. Aber es gibt auch niedrige Ideale, sozusagen Gebrauchsideale für den Alltag. Zu den verbreitetsten gehören Ruhe und Frieden.

Natürlich haben wir alle ein solches Ideal; denn wir alle haben ein Talent für Zank und Streit. Die Sprache – die ewige Mutter der Weisheit! – hat dafür viele Ausdrücke, von der „Auseinandersetzung" über „Unterschiede" bis zum „Zoff". Es wäre ein schöner Anlaß für einen größeren Familienstreit, zu fragen, wie viele Wörter die Sprache für Streit hat.

Nun sind die meisten Leute, wenn sie einen Streit anfangen, des Ideals sich bewußt und haben ein schlechtes Gewissen dabei. Das sind die, die bei den Engeln noch nicht als ganz verloren gelten. Aber es gibt auch Heiden, die ihr Laster mit Vergnügen und gutem Gewissen betreiben. Über diese müssen die Engel weinen. Die Menschen, die keine Engel sind, dürfen über sie lachen.

In Glasgow gibt es ein Ehepaar, das lange Zeit hindurch alle seine Nachbarn durch den Lärm seiner ehelichen Zwistigkeiten zur Verzweiflung brachte. Vielerlei Versuche wurden unternommen, die beiden miteinander zu versöhnen. Die Versuche waren gut gemeint. Alle Nachbarn trugen das Ideal der Ruhe und des Friedens im Herzen. Sie meinten ganz naiv, den beiden müßte doch wohler sein, wenn sie in Frieden miteinander lebten.

Dies war ein großer Irrtum. Das Ehepaar gehörte zu den Heiden. Sie frönten ihrem Laster, von keinem Ideal beschwert, mit wirklichem Vergnügen. Und sie betrieben es mit hoher Kunst. Es läßt sich nicht leugnen, daß die Laster nur deshalb einen so schlechten Ruf haben, weil es so wenig Vorschriften gibt, sie zu betreiben. Die Philosophen haben uns mit vielen trefflichen Anweisungen versorgt, wie die Tugend zu üben sei. Aber obgleich sie doch genau wissen, daß wir ganz ohne Laster niemals auskommen werden, haben sie uns völlig im Stich gelassen mit Anweisungen, wie man Laster mit Weisheit und Mäßigung betreibt.

So ist neben so vielem anderem auch die Kunst zu streiten in Verfall geraten. Noch bei den homerischen Helden war die Kunst, ein streitbares Wort zu führen, ebenso hoch angesehen wie die Kunst, mit dem Schwert zu treffen.

Später brachten die Sophisten das Streitgespräch zu prächtiger Blüte. Ihre großen Redner fanden, worauf uns Jacob Burckhardt hinweist, bei besonderen Feinheiten der Replik einen ähnlichen Beifall, wie ihn unsere großen Dirigenten bei irgendeinem ganz besonders kühnen Ritardando finden.

Die wissenschaftlichen Disputationen des Mittelalters waren eine hohe Schule des Streitens. Und eigentlich bekam nicht der recht, der recht hatte, sondern der, der besser streiten konnte.

So wie viele hohe Künste der Altvorderen sich in vulgären Formen erhalten haben, hat sich auch die Kunst des Streitens im Ehezwist ein lebendiges Refugium bewahrt. Dem Chronisten erscheint es sicher, daß viele Ehen unglücklich sind, nicht weil die Eheleute sich streiten, sondern weil sie sich nicht richtig streiten. Eine der wichtigsten Voraussetzungen für einen guten Streit ist die, daß überhaupt kein Grund für ihn vorliegt. Es darf nur einen Anlaß geben. Die Sprache sagt: „Ein Streit wird vom Zaune gebrochen."

Hat man einen Grund zum Streiten, ist man im Recht. Wenn man im Recht ist, schickt es sich, großmütig zu verzeihen. Ein Streit kann nicht entstehen. Ist man im Unrecht, muß man es großmütig eingestehen. So wenig es jemals einen Grund zum Streiten geben kann, ein Anlaß ist immer da. Der Anlaß freilich muß klug gewählt werden. Es ist eine zweite wichtige Voraussetzung für einen guten Streit, daß er völlig überraschend kommt. Nur durch das Element der vollkommenen Verblüffung kann man beim Gegner so viel Zorn erzeugen, daß ein Streit in allen seinen dramatischen Phasen ungestört ablaufen kann.

Der Chronist kann natürlich nicht das ganze Lehrbuch „Über die Kunst zu streiten" in einem Aufsatz unterbringen. Der Leser sei diesbezüglich auf das große zweibändige Werk aus seinem Nachlaß hingewiesen. Das Crescendo, der Wechsel des Themas, das kontrapunktische Element, die Peripetie, die Katharsis und die Versöhnung, alle diese Stufen sind je ein Kapitel wert. Allgemein sei dem Leser das Studium junger Liebesleute empfohlen. Unter ihnen steht die Kunst zu streiten, aus einem Streit alle denkbaren Ergötzungen herauszuholen, noch in hoher Blüte. Doch kann der geneigte Leser auch nach Glasgow fahren. Dorten beantwortete das streitsüchtige Ehepaar die Friedensbemühungen seiner Nachbarn damit, daß es deren Häuser kaufte und sie ausquartierte. So streiten sie sich heute sozusagen in allem Frieden und von niemandem gestört. Die Kunst zu streiten hat in Glasgow ein Asyl gefunden. Es ist nur ein Beweis für den Verfall dieser Kunst, daß die Leute in Scharen zu den Dirigenten laufen, die doch nur Lärm fürs Gemüt erzeugen, während sie für einen wahrhaft kunstvollen Streit, der ein scholastisches Vergnügen erster Ordnung ist, kein Verständnis mehr haben.

„. . . wo er doch heute kommt!"

Daß die Welt sich in den letzten zweitausend Jahren beträchtlich verändert hat, wird niemand bezweifeln wollen. So ist es an der Zeit, daß sich endlich einmal einer findet, der das wagt. Der Chronist wirft sich, ein Winkelried des Zweifels, in die Speere der Vorurteile. Wollen wir sehen, wie weit der geneigte Leser ihm durch die gelegte Bresche folgen wird! Die Veranlassung zu seinem kühnen Vorgehen gibt dem Chronisten ein halber Satz, der ihm durch eine offene Wohnungstüre zuflog, als er im Dunkeln eine Treppe hinauftappte. Zweifellos wird die menschliche Aufmerksamkeit durch Dunkelheit erhöht. Im Dunkeln werden wir zu Dschungeltieren. Im Dunkeln verrät sich der Verräter durch einen halben Satz. Im Dunkeln hängt unser Leben davon ab, ein Geräusch richtig und blitzschnell zu deuten, sei es das Klirren eines Dolches, der auf den Boden fällt, sei es das Quietschen der Bremsen eines Autos, dessen Fahrer vergessen hatte, seine Scheinwerfer einzuschalten. Der halbe Satz lautete: „. . . wo er doch heute kommt!" Freilich war es nicht die brüchige Stimme eines Verräters, der ihn aussprach. Es war die helle Stimme eines jungen Mädchens. Der alte Dschungelmolch möchte sagen, die helle Stimme eines hübschen jungen Mädchens. Auf irgendeine Weise hört man das. Junge Dschungelmolche mögen das bezweifeln. Alte Dschungelmolche am Ende eines langen Lebens voller Erfahrungen werden mir recht geben.

„. . . wo er doch heute kommt!" Das ist ein alter Satz. Er ist unzählige Male wiederholt worden. Nur kann sich niemand mehr erinnern, wer ihn zum ersten Mal gesagt hat.

Die abendländische Menschheit hat ihre Verwandlungen immer darzustellen versucht. Sie hat sich das Theater geschaffen, um sich selbst betrachten zu können. Die Dichter sind es, die in diesem Zauberspiegel immer wieder der Menschheit ihr wechselndes Gesicht gezeigt haben. Wann immer in der Mannigfaltigkeit dieses Wechsels der halbe Satz ausgesprochen wurde, stets waren es die Lippen einer freudig erregten hübschen Frau, denen er entsprang. Die abendländischen Verwandlungen werden Abend für Abend auf hellen Bühnen gespielt. Zuweilen aber erhascht man auf einer Treppe im Dunkeln eine Szene der großen Comoedia humana. Der Leser braucht nicht in diesem Dunkel gelassen zu werden. Durch einen glücklichen Zufall konnte der Chronist auch den Vordersatz in Erfahrung bringen. Es handelte sich um das Mädchen Ursula. Bei Licht besehen, war sie tatsächlich hübsch. Was sie, „. . . wo er doch heute kommt!",

143

so falsch gemacht hatte, war, daß sie gerade an diesem Tage den roten Hut zur Modistin gebracht hatte, ihm eine neue Feder aufsetzen zu lassen.

Der rote Hut – dieser einmalige Glücksfall! Er sah aus, als ob er aus einem teuren Salon in der Budapester Straße stamme und hatte doch nur elf Mark fünfzig gekostet, der rote Hut, der ihr so hübsch steht, und den er noch nicht gesehen hat, und in dem er sie so hübsch finden sollte wie sie sich selber, wenn sie sich im Spiegel betrachtete.

„. . . wo er doch heute kommt!" Das sagte Helena zu ihrer Dienerin, als sie Paris erwartete. Das sagte Aspasia zu ihren Gefährtinnen, als sie Perikles erwartete. Das sagte Julia zu ihrer Kammerfrau, als sie Romeo erwartete.

„. . . wo er doch heute kommt!" Wahrhaftig, ein Zitat, mit dem Ursula sich in bester Gesellschaft befindet. Der rote Hut – es ist der Hut der Cleopatra. Der rote Hut, es ist der Jagdhut der Diana von Poitiers, die eines Königs Liebchen war. Der rote Hut – es ist der Preis, um den tausend Turniere in dieser Welt ausgetragen wurden. Den roten Hut trug die Dame, vor deren Fenster der Ritter Toggenburg sein Leben verschmachtete. Der rote Hut, es ist der Geßlerhut unseres Herzens, vor dem wir alle uns einmal beugen müssen. Wer ist in der Liebe ein Wilhelm Tell?

O Ursula!

Aber schließlich, auch wir befinden uns in keiner schlechten Gesellschaft. Nur ist da noch ein ganz kleiner Unterschied, auf den hinzuweisen nicht verzichtet werden kann. Sie alle, die Helenas, die Aspasias, die Julias wissen, was gespielt wird. Wir aber, die ewigen Toggenburger, wissen es nicht. Wir wollen es unentschieden lassen, ob das für oder gegen uns spricht. Jedenfalls beruht auf unserer Ahnungslosigkeit der Fortgang der ewigen Komödie. Für jeden von uns gibt es einen roten Hut. Vielleicht wäre es keine schlechte Idee, die roten Hüte, diese ewigen Insignien unserer Niederlagen, auf Stangen aufzupflanzen. Wahrscheinlich würden wir dann nicht mehr aufeinander schießen. Nur eben, unser Friede würde nicht lange dauern. Um den ersten roten Hut, der über keines Mannes Verstand gestülpt wäre, entbrennte sogleich ein neuer Trojanischer Krieg.

O Helena!

Spielregeln der Männer

Wie viele wohl von jenen Hunderttausenden, die den Marathonläufern der letzten Olympiade zujubelten, haben dabei des unbekannten Soldaten gedacht, der am 12. September des Jahres 490 vor Christi Geburt vom Schlachtfeld sich aufmachte, die Nachricht vom Sieg über die Perser nach Athen zu bringen? Der Name des Läufers von Marathon ist uns nicht überliefert. Vielleicht weil damals jedermann in Athen seinen Namen kannte, hat keiner der zeitgenössischen Geschichtsschreiber ihn aufgezeichnet. Auch die späteren, sogar Cornelius Nepos, lassen uns im Stich.

Wir sehen ihn, diesen Jüngling, wie er, von Staub und Schweiß bedeckt, durch das Attische Land eilt, unter der schon sinkenden Sonne des Tages von Marathon, deren Glanz über der dreitausendjährigen Geschichte des Abendlandes leuchtet. Die Landschaft ist ausgestorben. Noch lastet über ihr die furchtbare Drohung eines übermächtigen Schicksals. Noch wissen die zitternden Bauern nicht, daß die tapferen Herzen der Wenigen stärker waren als der Übermut der unermeßlichen Heerhaufen der Feinde. Nur dieser Jüngling, dieser eine Einzige, dessen Weg wie eine Brücke ist, die ihren Bogen aus dem Dunkel der Vorzeit in das Licht der Geschichte schlägt, trägt die Nachricht von dem Sieg in seinem Herzen. Die Erschöpfung droht ihn zu übermannen. Aber an der Biegung des Weges taucht die Akropolis auf, das Ziel, dem er den unerhörten Sieg entgegenträgt.

Auf der Agora ist Athen versammelt, die Gruppen der Alten, die Scharen der Weiber und Kinder, eine durch Erwartung fast zur Verzweiflung gebrachte Menge, die stumm zu den Göttern fleht. Wie ein Löwe in die Herde bricht der Jüngling in diese Menge ein. Das ungeheure Wort „Sieg!" springt über den Platz. Der Jubel brandet zur Burg hinauf, zu den blauen Bergen, zum ewigen Himmel Attikas. Aber der Jüngling ist tot zusammengebrochen. Das ungeheure Wort hat ihm das Herz gesprengt.

Der Jüngling war das Symbol der Olympiade in der Antike. Feldherren, Staatsmänner, Gelehrte und Priester sind Männer. Die olympische Glocke ruft die Jugend der Welt. Ein olympischer Mann wäre um nicht viel weniger lächerlich als ein olympischer Greis. Wenn wir Männer bewundern, wollen wir sie ihrer Taten wegen bewundern. Wenn wir Greise bewundern, wollen wir sie ihrer Weisheit wegen bewundern. Die Jugend bewundern wir ihrer Kraft und ihrer Schönheit wegen. Der Bereich, in dem Kraft und Schönheit ihre wahre Geltung erhalten, ist das Spiel. Die Götter mögen wissen, wer, als einen Stachel der Menschheit, den Ernst des Lebens erfunden hat. Sie sollten diesen Unseligen weder diesseits noch jenseits des Acheron zur Ruhe kommen lassen. Wenige Dinge haben in den Herzen der Männer so viel Verwirrung angerichtet wie der Ernst des Lebens.

Die Männer, deren eigentliche Sitten und Gebräuche im Grunde unbekannter sind als die der Papuas in der Südsee, haben von Natur aus die Neigung, nichts im Leben wirklich völlig ernst zu nehmen außer dem Spiel. Einem Mann wird es kaum je schwer fallen, einem anderen zu verzeihen, daß er es im Leben weiter gebracht hat als er selbst. Ein Maurermeister wird keinen Neid empfinden, wenn er das Haus seines Architekten am Ufer des Sees erblickt. Aber es würde dem Maurermeister schwer fallen, dem Architekten zu verzeihen, daß er besser Kegel schiebt.

Ein Bootsmann in seiner Koje im Vorschiff unter der Back kommt kaum jemals auf die Idee, sich in den Salon des Kapitäns zu wünschen. Aber wenn die beiden einmal zusammen an Land gehen, und sie geraten in Sankt Pauli an einen Schießstand, und der Kapitän schießt besser als der Bootsmann, dann kann es sein, daß Master Bootsmann einen stillen Ärger verspürt. Die Männer selbst wissen wenig von der tiefen Weisheit der Überlieferungen, nach denen sie sich richten. Es gelten zwischen Männern eine Anzahl von ungeschriebenen Gesetzen und Übereinkünften, deren Übertretung die allgemeine Verachtung zur Folge hat. Dabei ist es ganz gleichgültig, ob es sich um Seeleute oder Studenten, um Bauernburschen oder Generalstabsoffiziere, um Zeitungshändler oder Farmer handelt. Diese Gesetze gelten sowohl in Alaska wie in der Kalahari, auf dem Parkett wie im Schnee, zwischen Straßenlaternen wie zwischen den grünen Bäumen des Waldes.

Die Gesetze sind so streng, daß bei einigen auf Übertretung sogar die Todesstrafe steht. Niemand von uns hat etwas anderes als Befriedigung empfunden, wenn in den Goldgräberhütten unserer Jugendbücher derjenige, der ehrliche Männer beim Würfeln betrog, erschossen wurde.

Alle diese ungeschriebenen Gesetze und Übereinkünfte kann man unter dem Begriff Spielregeln zusammenfassen. Die Weisheit einer uralten und lange vergangenen Zeit hat für das Spiel als das einzige, was Männer wirklich ernst nehmen, Regeln überliefert. Sie sind älter als alle Gesetze der Welt. Alexander der Große durfte ebensowenig beim Würfeln mogeln wie Cäsar oder Kaiser Barbarossa. Die geheimnisvollste Eigenschaft der Spielregeln ist die, daß sie auch im Leben gelten. Das hört erst da auf, wo der Ernst des Lebens beginnt. Solange das Leben ein Spiel ist, wird es immer die Aufgabe des Siegers sein, Großmut zu zeigen, und die Aufgabe des Besiegten, tapfer und beherrscht zu sein. Es gehört zu den Spielregeln des Lebens, daß der Stärkere den Schwächeren schützt und daß der Schwächere den Stärkeren nicht beneidet. Es gehört zu den Spielregeln des Lebens, daß man die Würfel nicht untersuchen darf, weil man kein Mißtrauen haben soll, und daß man keine falschen Würfel haben darf, weil man Vertrauen nicht mißbrauchen soll. Die höchste und edelste der Spielregeln des Lebens ist die, welche der Läufer von Marathon so tapfer einhielt, daß man des Lebens, und sei es noch so schön, nicht achten darf, wenn es um eine große Sache geht.

So ruft die olympische Glocke die Jugend der Welt. Sie soll das Spielen lernen, das einzige, was sie zu lehren einen Sinn hat.

Die Sieger werden den Lorbeer des Ruhmes tragen. Glücklicherweise ist es ein sehr vergänglicher Ruhm. Aus den Jünglingen werden Männer. Dann ist ihr Ruhm vergessen. Wenn die olympische Glocke, die sie zum Spiele rief, in ihren Herzen ein Echo gefunden hat, werden sie dem Lorbeer der Jugend nicht nachtrauern. Die heute die Sieger des Spieles sind, können morgen schon die Besiegten des Lebens sein. Wenn sie Männer sind, wissen sie, auch wenn die Klänge der olympischen Glocke längst verhallt sind, daß ewig, wie das ewige Spiel des Lebens zwischen Jugend und Tod, die Weisheit der alten Überlieferung der Männer gilt. Das Leben ist heiter zu nehmen und ernst nur das Spiel.

Über die Kunst, erbzulassen

Jedermann wird der Vermutung zustimmen, daß es ein großes Vergnügen sein muß, ein Vermögen zu verschenken. Dieses Vergnügen wird einem Menschen nicht geschenkt. Die Voraussetzung dafür ist immerhin die, daß einer ein Vermögen besitzt. Was ein Vermögen ist, davon haben die wenigsten eine klare Vorstellung. Die meisten denken, es sei so etwas wie „um eine Million herum". Aber ein Vermögen ist nichts anderes als eine Sache, mit der man etwas „vermag". Im Hinblick darauf sind arme Leute besser dran als reiche. Für einen reichen Mann muß ein Vermögen schon ziemlich groß sein, damit er etwas damit vermag, was ihm Spaß macht. Für einen armen Mann können drei Mark ein Vermögen sein. Was vermag einer alles mit drei Mark, wenn er Herz und Phantasie hat! Ein Armer verschenkt oft genug sein ganzes Vermögen. Daß er davon so wenig Aufhebens macht, liegt daran, daß er nicht versucht, aus Taten, die ihm im Himmel angerechnet werden, hienieden Nutzen zu ziehen. Beim Teufel stehen wir mit unseren Missetaten in der Kreide. Die guten Taten bleiben verborgen, weil sie so hoch in die Sterne geschrieben werden, daß man sie nicht mehr sieht.

Heute wollen wir das Lied von einem braven Manne singen, der nicht einmal ein armer, sondern ein reicher Mann war. Daß reiche Leute ihr Vermögen selten verschenken, ist durchaus nicht nur ein Zeichen von Bosheit oder Schlechtigkeit. An einem Vermögen hängen viele Dinge. Der Schweiß der

150

Altvorderen, das Glück der Götter, die alten Tage treuer Knechte, lauter Dinge, die man so ohne weiteres nicht verschenken kann.

Aber einmal in seinem Leben kann jeder reiche Mann sein Vermögen verschenken, dann nämlich, wenn er nichts sonst mehr vermag als das Zeitliche zu segnen. Ein jeder hat einen Letzten Willen. Es gibt keine Sache auf dieser Erde, in der die alten Überlieferungen aus den frühen Tagen der Menschheit so sehr respektiert werden wie ein Letzter Wille. Daß reiche Leute, wenn sie erbzulassen sich anschicken, sehr genau nachdenken, kommt nicht häufig vor. Die Erfahrung zeigt, daß sie ihr Vermögen gewöhnlich Leuten vererben, die man mißzubilligen geneigt ist. Nie gehört man selbst dazu!

Der brave Mann, den wir heute preisen, hatte nachgedacht. Er war dabei auf den feinsinnigen Einfall gekommen, das Vermögen, das er sich in seinem Leben erworben hatte, in seinem Tode denen zurückzugeben, denen er es verdankte. Vielleicht war er ein Fanatiker der Gerechtigkeit. Jedenfalls war er ein guter Wirt gewesen. Sein Vermögen stammte aus einem Gasthaus, das er zeit seines Lebens trefflich geführt hatte. Das Geld sollten seine Gäste zurückbekommen. Dabei lag ihm daran, daß es nicht jeder beliebige bekäme, sondern die Getreuen unter ihnen, die auch nach seinem Tode nicht allzu schnell zu einer anderen Theke hinüberwechseln würden, um ihn dort bei fremdem Korn zu vergessen. Das bewerkstelligte der brave Mann auf folgende listige Weise. Nach seinem Tode geschah nichts. Die Leute redeten darüber. Klatsch bleibt nur drei Tage frisch. Dann findet man keinen mehr, dem man ihn erzählen kann. Am zehnten Tage nach des braven Mannes Heimgang tat sich die Tür des Gasthauses auf. Ein feierlicher Herr erschien, zog das Testament aus der Tasche, erbrach es und erklärte den anwesenden Gästen, daß sie alle zusammen achtzigtausend Mark zu gleichen Teilen erbten. Da es zwanzig Gäste waren, kamen auf jeden von ihnen viertausend Mark. Das ist, vom Himmel gefallen, ein hübsches Sümmchen.

Die Weisheit des braven Mannes liegt nicht so sehr in seiner Vorausberechnung als in der Tatsache, daß er dem Zufall eine Türe offen ließ. Natürlich waren es überwiegend treue Gäste, Stammbrüder, die das Geld bekamen. Nur einer war ein armer Teufel, der sich von seiner letzten Mark, seine Seele zu wärmen, einen Grog bestellt hatte. Und diese Mark schon hatte er von einem unbekannten Wohltäter geschenkt bekommen. Man sieht, daß Wohltun Zinsen bringt. Aber man sieht auch, welche Wunder zwei Zufälle und ein Grog im Leben zu bewirken vermögen. Sicher wird der brave Mann im Himmel, der so klug erbzulassen wußte, sich herzlich gefreut haben über den armen Teufel, der so unversehens zu seinem Gelde kam.

Nun haben wir uns nur noch mit der Frage zu befassen, wie man sich angemessen zu benehmen hat, wenn man ein armer Teufel ist und für eine geschenkte Mark, die man versaufen wollte, ein Vermögen bekommt. Ein solcher Fall ist in den Handbüchern des guten Benehmens nicht vorgesehen. Jeder arme Teufel empfindet in einer solchen

Lage einen Augenblick lang das Bedürfnis, fromm zu werden. Das zweite Bedürfnis ist, leider, ein zweiter Grog. Wer sich frei von Lastern fühlt, werfe das erste Glas nach diesem Manne. Wer aber weiß, daß das menschliche Herz verwirrt und voller Schuld ist, der lasse ihm mit zarter Geste das erste Stück Zucker in den dampfenden Grog seiner neuen Wohlhabenheit fallen. Sicher wird der reiche arme Teufel später im Regen auf dem Friedhof stehen, ein Kränzlein niederzulegen auf dem Grabe seines ihm unbekannten Wohltäters. Sein Dankgebet wird den Erblasser im Himmel zum Erröten bringen. Bei dieser rührenden, aber feuchten Szene wird der reiche arme Teufel sich einen Schnupfen holen. Dabei verwandelt er sich in einen armen reichen Teufel, dem niemand mehr nachrechnen wird, wie viele Grogs er noch sich einverleiben wird.

Rund um Faß und Tonne

Alle weisen Männer, die über die moralischen Regeln, nach denen der Mensch leben sollte, nachgedacht haben, hielten es für notwendig, dem Menschen das Maßhalten zu empfehlen. Diese Vorschrift ist ebenso einfach auszusprechen, wie sie schwierig zu befolgen ist. Wenn man die Weisheit dieser Vorschrift eingesehen hat und sich anschickt, nach ihr zu handeln, wird man sich notwendigerweise fragen, welches das Maß ist, das man zu halten habe. Dabei wird man entdecken, daß „Maß" etwas vom Hintergründigsten in unserer ohnehin schon so komplizierten Welt ist.

Wenn ein Affe von einer schaukelnden Liane auf einen Brotfruchtbaum hinüberspringen will, mißt er nicht die Entfernung. Er schätzt sie. Er hat sie im Gefühl. Diese Fähigkeit ist dem Menschen keineswegs so vollkommen verlorengegangen, wie man vielleicht meint. Freilich, wenn einer am Trapez in der Zirkuskuppel uns das Kunststück des Affen vormacht, sind wir baß vor Staunen. So können wir das nicht mehr. Aber fragt man einen Bauern am Feldrain, wie weit es noch bis Seifhennersdorf sei, wird er sagen, eine Stunde Wegs. Diese Angabe ist, wie die Erfahrung zeigt, sehr viel genauer als sechs Komma fünf Kilometer.

Unter sechs Komma fünf Kilometern kann man sich nichts vorstellen. Eine Stunde Wegs in der heißen Mittagssonne dagegen ist für jedermann verständlich. Man weiß, woran man ist, selbst wenn man erst nach zwei Stunden den Kirchturm von Seifhennersdorf in der Ferne auftauchen sieht. Schon Xenophon gibt in der Anabasis die Entfernungen in Tagemärschen und Wegstunden an.

Sicherlich ist der älteste Versuch zu messen der, den Raum durch die Zeit zu messen. Diese Methode darf einen hohen Grad von wissenschaftlicher Genauigkeit für sich in Anspruch nehmen. Die Zeit hat keine Fehlerquellen. Nur für die Praxis ist sie weniger geeignet. Alle Wissenschaft beruht auf Messen. Selbst die Historiker greifen zuweilen zum Maß, wenn sie eine historische Persönlichkeit als „groß" bezeichnen. Auch die Theologie setzt die

Unendlichkeit Gottes voraus. Die moderne Naturwissenschaft begann erst in dem Augenblick, da
man zu messen anfing. Jedes naturwissenschaftliche
Experiment hat das Ziel, einen meßbaren Zusammenhang aufzuzeigen. Die größte Ehrung, die die
Naturwissenschaft zu vergeben hat, ist die, ein Maß
nach einem Gelehrten zu benennen.

Es ist verständlich, daß man das Bedürfnis hatte, die
Maße so genau wie möglich festzustellen. So setzten
sich eines Tages die Physiker hin, berechneten den
Erdumfang und nahmen den vierzigmillionsten Teil
davon als Normalmaß von einem Meter. Dieses
Maß wurde als Platinstab dem Observatorium in
Paris in Verwahrung gegeben. Unglücklicherweise
kam einige Jahre später ein Mann auf die Idee, die
Sache nachzurechnen. Sei es, daß die Physiker einen
kleinen Rechenfehler gemacht hatten, sei es, daß die
Erde sich ein wenig aufgeplustert hatte aus Ärger
darüber, daß man ihr auf die Taille gekommen war,
kurz und schlecht, die Sache stimmte nicht. Die
Erde war zu groß. Das Meter war zu klein. Alle
unsere Maße sind falsch. Das Normalmaß zu ändern, war es zu spät. Das Maß aller Dinge in der Welt
ist ein x-beliebiges.

Dieser Irrtum kann einen ebensogut betrüben wie
mit Stolz erfüllen. Wenn man den Menschen lieber
in Harmonie mit dem Kosmos sehen möchte, muß
man betrübt sein. Wenn man auf die Souveränität
des menschlichen Geistes und die Unabhängigkeit
der Wissenschaft Wert legt, muß man stolz sein.
Der geneigte Leser mag seine eigene Wahl treffen.
Sollte er betrübt sein, ist der Chronist imstande, ihm

alsbald einen nicht zu verachtenden Trost zu spenden. Zu diesem Zwecke müssen wir eine metaphysische „Molle" genehmigen. Mit diesem behaglichen Wort bezeichnen die Berliner liebevoll ein Glas Bier. Der Unterschied zwischen einem Faß und einer Tonne ist nicht herauszufinden. Die Danaïden schöpften in ein Faß. Diogenes saß in einer Tonne. Die Danaïden mit einer Tonne wären ebenso bar aller Poesie wie Diogenes im Faß. Obgleich die Tonne des Diogenes keinen Deckel hat, ist es doch das Faß, dem es den Boden ausgeschlagen hat. Das kann nicht daran liegen, daß die Tonne leer und das Faß voll ist. Wenn das Bierfaß leer ist, ist das ebenso traurig, wie wenn die Regentonne voll ist und der Spatz in ihr ersäuft.

Das Verdrängungsmaß unserer Schiffe messen wir in Tonnen. Es sind richtige Weintonnen. Der Ausdruck stammt aus der Navigationsakte Heinrichs VII., welche die Einfuhr von Bordeauxweinen nach England auf ausländischen Schiffen verbot. Es ist unmöglich zu sagen, was Faß und Tonne unterscheidet. Nur so viel kann festgestellt werden, daß, wenn das Ding leer ist, wir die Tonne des Diogenes dem Faß der Danaïden vorziehen, und wenn das Ding voll ist, wir das Bierfaß der Regentonne vorziehen. So haben wir uns, wenn auch nicht wissenschaftlich, so doch moralisch salviert.

Aus der Tonne, die wir vorziehen, zapfen wir Weisheit ab. Aus dem Faß, das wir vorziehen, zapfen wir Heiterkeit ab. Das Maß der Heiterkeit ist die Molle. So ist es begreiflich, daß wir sie als ein metaphysisches Maß bezeichnen.

Die Molle ist selten voll. Zapfer haben eine eigentümliche Art, unter dem Strich zu bleiben. Der Chronist befragte ohnlängst einen würdigen Berliner Ober, wovon das wohl käme. Er gab die einleuchtende Erklärung, die Zapfer seien vorsichtige Leute und wären immer in Sorge, daß das Glas platze. Immerhin – bis dato haben wir geglaubt, die Molle als metaphysisches Maß stehe fest, so selten dieses Maß auch voll laufe. Wir befanden uns in einem beklagenswerten Irrtum. Eine neuerliche Verordnung stellt fest, daß in Berlin das Maß der Molle zwischen $4/20$ und $6/20$ schwanke und daß es nun ein für allemal auf $5/20$ festgelegt werde.

Dies ist in jeder Hinsicht ein Fortschritt. Wenn die Moralisten uns Maß zu halten vorschreiben, wissen wir jetzt, daß es das Maß von $5/20$ ist, das wir zu halten haben. Dieses Maß steht auch dann fest, wenn wir es erheben.

Erheben wir es zum Wohle der Metaphysik. Es wird so selten auf dieselbe getrunken. Wer ein genügend großes Faß Heiterkeit im Laufe seines Lebens leergezapft hat, wird, wenn das Faß leer ist, wenigstens eine bequeme Tonne haben, seine Weisheit darin unterzubringen.

Harkenjungens

Beim Holmenkollenrennen, dem berühmtesten und schwierigsten Skirennen der Welt, das alljährlich in Oslo abgehalten wird, versammelt sich die ganze

Elite dieses internationalen Sports. Die berühmtesten Meister in der Kunst der langen Bretter geben sich ein Stelldichein. Von den ausgewähltesten Shawls umschlungen, in den buntesten Pullovern leuchtend, beleben sie das Gelände, bewundert von den braungebranntesten Mädchen der Welt, wahre Superlative männlicher Schönheit mit ihren energischen Gesichtszügen und dem im Unterkiefer lokalisierten unbeugsamen Willen zum Siege.

Freilich, auch der unbeugsamste Wille zum Siege unterliegt einer mathematischen Beschränkung. Es kann immer nur einer zuerst ankommen. Obgleich diese glänzenden Matadore, auf die die Welt mit so viel Stolz blickt, gemeinhin Wunderzeiten laufen, kommen doch immer fünfzig Besiegte auf einen Sieger. Es ist dieser eine Sieger, auf den die Sportwelt stolz ist. Wenn er auch lange nicht so schnell läuft wie ein gewöhnlicher Schneehase, wandert er doch durch alle Journale. Die Jugend betrachtet begeistert sein Bild und ertüchtigt sich dabei mit jedem Blick, den sie auf dieses edle Vorbild von Kampfgeist und Willenskraft wirft.

Heuer freilich bekam die Sportwelt eine bittere Pille zu schlucken. Keiner von den internationalen Cracks konnte sich den Lorbeer für die Ruhmessuppe pflücken. Sieger blieb Annar Ryen, ein unbekannter Bauernsohn aus den nördlichen Tälern Norwegens. Zwar waren seine Skier nicht mit einer raffinierten Bindung ausgestattet, sondern nur gehalten mit Lederriemen aus dem Fell eines Rentiers, das zur Herde seines Vaters gehört hatte. Sie hatten nicht einmal Stahlkanten. Es waren nur ein paar schartige Hölzer, von denen das eine sogar geflickt war. Auch die Wunderwachse, die die Chemiker in raffinierten Laboratoriumsversuchen zusammenschmelzen, waren Annar Ryen unbekannt. Er wachste seine Hölzer mit dem Schmalz eines Eisbären, den er selber im Ringkampf überwunden hatte. Aber Annar Ryen gewann. Es war ein Harkensieg, einer von den Siegen, die unter dem gefährlichen Wahlspruch gewonnen werden: „Jetzt woll'n wir denen mal zeigen, was 'ne Harke is'."

Die Sportwelt kratzt sich hinterm Ohr. Sie hat allen Grund dazu. Der Harkensieg des Bauernjungen Annar Ryen ist durchaus nicht zufällig. Annar Ryen ist auch kein besonderes Genie der langen Bretter. Den zweiten und dritten Platz belegten ebenfalls zwei unbekannte Bauernsöhne. Wahrscheinlich kann in ihrer Heimat jeder zweite Mann so laufen.

Die Sportwelt würde noch ganz andere Überraschungen erleben, beschränkte sie sich nicht auf Leute, deren Seelenleben so eigenartig ist, daß sie Befriedigung darüber empfinden, fünf Meilen um eine Bahn zu laufen, ohne irgendeinen anderen Zweck als den, gelaufen zu sein. Jeder ordentliche chinesische Rikschakuli läuft eine Stunde Trab oder auch zwei, aber nur, wenn er dreißig oder fünfzig Cents dafür bekommt. Das tut er bis in sein vierzigstes Lebensjahr hinein. Jeder chinesische Rikschakuli läßt jeden Langstreckenläufer der Welt einfach stehen. Verspräche man einem Rikschakuli fünf Dollar, er nähme über die ganze Distanz seine Karre noch mit. Der Olympiasieger könnte sich ruhig in den Karren hineinsetzen. Der Kuli würde immer noch bessere Zeiten erzielen, als wenn die Goldmedaille selber gelaufen wäre. Leider wurde das noch niemals ausprobiert. Sportleute sind stolz auf ihre Siege. Harkenjungens sind hochmütig. Sie leben auf Segelschiffen oder in Goldbergwerken. Sie reiten wilde Hengste oder Stiere in den Pampas. Mir hat einmal ein Heizer auf einem Schiff „ein Ding verpaßt", weil wir beim Würfeln Differenzen hatten. Glücklicherweise traf er nicht, aber ein ganzes Spind ging von seinem Faustschlag in Trümmer. Selbst Schmeling wäre zu Brei geworden. Daß kein zweiter Schwinger folgte, hatte ich ausschließlich dem Umstand zu verdanken, daß wir mitten auf dem Ozean waren und ich der einzige war, der ihm die Bestandteile des Spinds aus seiner Pfote wieder herauspflücken konnte. Bei allen späteren Differenzen hat er von vornherein recht bekommen. Ich bin sicher, hätte man ihn in einen Ring gestellt, die Ärzte hätten Arbeit gekriegt. Nur eben, in den Ring sich zu stellen, war der Bursche zu hochmütig. Weltmeister im Schwergewicht, aber nur zu eigenem Bedarf – der richtige Harkenjunge!

Wir werden auch künftig mit Interesse hören, wie die großen Cracks es von Olympiade zu Olympiade immer weiter bringen. Sie können höher springen als ein Pferd. Sie können beinahe so schnell laufen wie ein Kaninchen. Sie können beinahe so viel Last stemmen wie ein Kamel. Seien wir stolz darauf, aber freuen wir uns insgeheim über die Harkenjungens, die viel zu hochmütig sind, ein Pferd übertreffen, es einem Karnickel oder einem Kamel gleichtun zu wollen.

Glück im Sommer

Die größten Schwierigkeiten auf der Welt bereiten uns, seit wir aus dem Paradies vertrieben wurden, gerade die einfachsten Dinge. Die Löwen, die durch die Steppe traben, haben in vielen Tausenden von Jahren keinen Kierkegaard hervorgebracht. Für sie gibt es keine Probleme der Existentialphilosophie. Die Löwen haben Hunger. Darum denken sie darüber nach, wie sie satt werden könnten. Selbst wenn sie einen Missionar gefressen haben, kommen sie nicht darauf, über das Problem des Hungers nachzudenken. Sie liegen still im Sand und wedeln mit dem Schweif. Während die Missionarsseele zum Himmel steigt, fühlt der Löwe sich auf Erden wohl. Freilich, ich habe noch niemanden getroffen, der sich löwenwohl gefühlt hätte. Man sage nicht, das liege daran, daß wir keine Missionare mehr fressen. Es gibt sehr wohl Leute, die sich kannibalisch wohl fühlen. Das Gedächtnis der Menschheit ist durchaus nicht kurz. Aber der Ehrgeiz ist klein, und so bringen es denn die meisten nicht weiter, als sich sauwohl zu fühlen.

Sich wohl fühlen ist in unser aller Gefühl mit Nichtstun gekoppelt. Auch das ist eine sehr alte Erinnerung. Sie geht auf das Paradies zurück, als Löwe, Sau und Mensch, des Missionars noch nicht bedürfend, sich in gleicher Weise göttlich wohl fühlten. In der Tat, die große Aufgabe, Ferien zu machen, ist gleichbedeutend mit der Aufgabe, nichts zu tun. Es ist eine Aufgabe von höchster Schwierigkeit. Die Anstrengungen, welche die Menschheit alljährlich unternimmt, der Schwierigkeit Herr zu werden, sind heroisch und der Bewunderung jedes wahren Menschenfreundes wert.

Die Sehnsucht nach dem Nichtstun entsteht aus der uns allen auferlegten Notwendigkeit, arbeiten zu müssen. Es wäre also wohl das einfachste, daß man sich, wenn die Ferien da sind, einfach hinlegte und liegen bliebe. Die Zimmerdecke ist wie die Welt vor ihrer Erschaffung. Man kann sich die ganze Schöpfung hinmalen und hat noch dazu die schöne Freiheit, sie nach eigenen Plänen zu gestalten; wobei man ohne Zweifel eine bessere Rolle spielen würde als in der nicht von einem selbst erschaffenen Welt.

Man hört zuweilen von solchen Künstlern des Lebens. In jedem Jahr treten sie in den Gazetten auf und beschreiben ihre Zimmerdecke, freilich ohne die Spinnengewebe, von denen man niemals etwas hört. Wahrscheinlich sind es Philosophen wie Schopenhauer, der, als man ihm vorwarf, daß er selbst nicht nach seiner Philosophie lebe, die Antwort gab: „Der Wegweiser geht nicht mit." Wenige nur sind Michelangelo ähnlich genug, sich den eigenen Kosmos an den Plafond hinzaubern zu können.

Die Notwendigkeit zu arbeiten, hindert die meisten Menschen, das Leben zu führen, das sie führen möchten. In den Ferien dann haben sie die Freiheit zu tun, was sie wollen. Freilich, der weiseste Gebrauch, den man von der Freiheit machen kann, ist, keinen Gebrauch von ihr zu machen. Von allen Philosophen ist der größte auch heute noch Diogenes. Selbst der mächtigste Mann der Erde konnte ihn nur durch seinen Schatten ärgern. Das Ziel aller

Ferien ist seit jeher, nichts zu tun. Aber der Weg zu diesem Ziel ist weit. Je weiter das Nichtstun entfernt ist, um so höher steht es im Kurs. Nichtstun in Ägypten wird für weit erhabener angesehen als Nichtstun in Schwiebus. Es kann sich niemand von uns so recht vorstellen, daß das Paradies in Treptow gelegen habe. Um sich das Paradies in Treptow vorstellen zu können, müßte man ein Neger aus der Kalahari sein. Dann vielleicht würde einem der laue Wind eines Juniabends und die Militärmusik über den sanften Wellen der Spree als die Erfüllung aller Träume erscheinen.

Man muß sich also, ehe man Ferien anfängt, eine feste Vorstellung davon machen, wo das Paradies gelegen ist. Man halte das nicht für ein phantastisches Unterfangen. Ein so ernster Mann, wie es General Gordon war, hat sich sein Leben lang mit dieser Frage befaßt. Es ist sicher, daß in dem Augenblick, als die Speere der Soldaten des Mahdi ihn durchbohrten, er weit glücklicher war über seine Kenntnisse vom Paradies als über seine Erfolge in der Bekämpfung des Sklavenhandels im Oberen Sudan.

Wenige Leute nur gehen dem Dasein so tief auf den Grund, daß sie sich eine Vorstellung vom Paradies verschaffen. Da sie sich kaum Gedanken darüber machen, wo sie einmal hinkommen werden, neigen sie erst recht nicht dazu, sich Gedanken darüber zu machen, wo sie einmal hergekommen sind.

Aber die menschliche Seele ist, wie wir zu unserer Überraschung immer wieder feststellen dürfen, weit besser eingerichtet, als der Mensch es verdient.

Wenn wir uns nicht die große Sehnsucht erfüllen können, das Paradies zu erreichen, sind wir immer gerne bereit, uns eine Minute der Ruhe zu gönnen, wenn uns eine kleine Sehnsucht erfüllt wird. Betrachten wir die kleinen Erfüllungen!

Manche unterziehen sich der Mühe, mehrere tausend Meter hohe Erderhebungen zu ersteigen, um nach neun Stunden nächtlichen Anstieges eine Minute nichts zu tun, während die Sonne über den Gipfeln aufgeht. Ohne Zweifel, diese Leute sind verrückt. Aber jedenfalls wissen sie, was ihnen das Nichtstun wert ist.

Manche fahren vierundzwanzig Stunden mit der Eisenbahn, um eine Minute nichts zu tun, während die Venus vom Kapitol vor ihren Augen steht. Ohne Zweifel, auch diese Leute sind verrückt. Aber ihre Verrücktheit gewährt uns den Trost, daß die Antike nicht umsonst gewesen ist.

Lachse kann man zu Tausenden im Netz fangen. Aber es gibt eine Sorte von Leuten, die fahren drei Tage mit dem Schiff und klettern dann noch drei Tage ein Flußtal hinauf, um einen einzigen Lachs mit der Angel zu fangen. Wenn man bedenkt, daß der Lachs, der an diese Angel geht, drei Jahre aus dem Golf von Mexico bis in diesen Fluß geschwommen ist, kann man sagen, daß der Mensch der Natur an Mannigfaltigkeit der Einfälle ebenbürtig ist.

Hemingway berichtet uns von einem alten Engländer, der drei Wochen ohne Badewanne in einem Pyrenäendorfe lebte, nur weil es dort in einem Bach Forellen gab, die statt roter grüne Punkte am Bauch hatten. Der Augenblick, während dessen er die grünen Punkte am Bauch der frischgefangenen Forelle betrachtete, entschädigte ihn für die Tragödie eines langen Lebens. Selbst für einen Mann, der ihm gelegentlich das Leben rettete, konnte er sich kein kostbareres Geschenk denken als eine selbstgemachte Fliege von der Art, auf die allein Forellen mit grünen Punkten am Bauche anbeißen.

Man hat also, wenn man erfolgreich Ferien machen will, nur zwei Möglichkeiten. Entweder man muß die Lage des Paradieses kennen, oder man muß verrückt sein. Wahrhaftig, ein Mensch, der noch nie auf die Idee gekommen ist, auf irgendwelche Forellen mit grünen Punkten am Bauche Jagd zu machen, ist nicht wert, verrückt zu sein. Und wer nicht wert ist, verrückt zu sein, ist natürlich auch nicht wert, Ferien zu haben.

Stürzen wir uns mutig auch in diesem Jahr in die große Sommerjagd nach den kleinen Sehnsüchten unseres Lebens!

Weisheit am Angelhaken

Hin und wieder in der großen Stadt sieht man an der Mauer eines Kais einen Mann stehen, der angelt. Kaum je hat ein Passant erlebt, daß so ein einsamer Mann einmal einen Fisch aus dem Wasser gezogen hätte. Aber das beweist nur, daß der Passant nicht genügend Geduld im Zusehen hatte.

Wenn man die braune Brühe betrachtet, die unter der Bezeichnung Spree durch Berlin schleicht, kommt man nicht leicht auf die Idee, daß darin lebende Fische herumschwimmen könnten. Aber der Angler ist nicht nur ein Heros der Geduld, sondern auch ein Prophet des Glaubens. Kein Wasser ist ihm trübe genug, als daß er nicht darin zu fischen versuchte.

Der einsamen Männer an den Kaimauern der großen Städte sind wenige. Aber Angler gibt es in Deutschland achtzigtausend, eine Bruderschaft der Einsamen, selber so stumm wie die Fische, aber für die Ökonomie der Nation von höchster Bedeutung. Wenn wir achtzigtausend Angler in Deutschland haben, ist nichts so sicher als die Tatsache, daß es achtzigtausend Philosophen in diesem Lande gibt. Die Männer haben sich hier ein imaginäres Reich gebaut, das bis dato der öffentlichen Aufmerksamkeit vollständig entgangen ist.

Das Angeln als einen Sport zu bezeichnen, hieße ebensosehr dem Sport wie dem Angeln unrecht tun. Sport dient der Ertüchtigung von Körper und Charakter. Er wird ohne Lohn betrieben, wenn nicht um den Lohn des Ruhmes. Angeln hingegen dient der Ertüchtigung der Seele. Seine Resultate kann man mit Salz und Lauch zum Abendbrot genießen. Angeln ist die einzige Art von Philosophie, von der man satt werden kann. Es ist auch die einzige Art von Arbeit ohne Tätigkeit. Wie man sieht, ist eine dergestalt beschaffene Mischung von Philosophie und Arbeit geeignet, das Ideal von achtzigtausend erwachsenen Männern zu sein.

Rundum schwirren die Angelhaken, und Streit entsteht immer erst dann, wenn Angelschnüre sich verfitzen. Achtzigtausend Angler sitzen rings im Land, achtzigtausend Symbole des Lebens, jeder für sich allein. Sie spielen das Leben, das sie nicht haben. Nur am Bach ist man allein. Am fließenden Wasser des Lebens ist ein fürchterliches Gedränge. Weit öfter als den Nobelpreis erwischt man einen alten Lederstiefel. Stundenlang ins Wasser sehen, Kieselsteine am Grunde zählen und abends eine frische Forelle essen, das ist das Leben, das man sich wünschen könnte. Achtzigtausend sind klug genug, wenigstens zuweilen sich dieses Leben zu gönnen. Seit fünfundzwanzig Jahren Angler!

Welch eine Empfehlung!

In der Tat, Angeln fördert Geduld und Hoffnung, zwei Eigenschaften, von denen die eine die nützlichste, die andere die unentbehrlichste ist, das Leben zu ertragen. Sitzen wir nicht alle am fließenden Wasser des Lebens und werfen die Angel aus mit dem Gedanken an unser Glück?

Es angelt der Zigarrenhändler nach dem Raucher, der Poet nach dem Einfall, der Friseur nach dem Kunden, der Arzt nach dem Patienten. Es angelt der Prophet nach dem Gläubigen, der Forscher nach dem Ruhm, der Politiker nach dem Erfolg. Wir alle angeln nach Geld. Und die Frauen angeln nach uns. Ohne Zweifel haben sie die längste Geduld und die meiste Hoffnung und darum auch den größten Erfolg.

Schicklicher Abgang

Solon von Athen, einer der sieben Weltweisen, hat die tiefsinnige und nachdenkliche Bemerkung gemacht, daß niemand vor seinem Tode glücklich zu preisen sei. Wer sich über den Lauf der Welt keine Illusionen macht, wird ihm beistimmen. Aber wie viele Menschen gibt es, die wenigstens nach ihrem Tode glücklich zu preisen sind. Die Ursache dafür liegt darin, daß die wenigsten Menschen es verstehen, sich im richtigen Augenblick einen schicklichen Abgang zu verschaffen. Viele geben den Kampf zu früh auf, die meisten freilich zu spät. Gleichwohl hat uns die Geschichte einige treffliche Beispiele, wie man zu sterben hat, aufbewahrt. Die Kunst zu leben ist nicht einfach. Die Kunst zu sterben ist ungleich schwieriger.

Gräfin M., Gattin eines kaiserlichen Botschafters im Paris der achtziger Jahre des vorigen Jahrhunderts, stammte aus einem schottischen Adelsgeschlecht. Sie hatte den Grafen M., einen Grandseigneur alten Stils, erst im Alter von fünfundfünfzig Jahren geheiratet. Jeden Morgen, wenn sie von ihrem Ausritt zurückkam, besuchte sie den Grafen in seinem Arbeitszimmer in der Botschaft, wo sie einige liebenswürdige Minuten mit ihm verplauderte. Eines Morgens, als sie, ihm gegenübersitzend, eine kleine Geschichte erzählte, wurde ihr schwindlig. Ohne im geringsten ihren Tonfall zu ändern, unterbrach sie sich und sagte:

„Excuse me George! I am dying . . .“

Dann sank sie in ihren Sessel und war tot.

Man glaube nicht, daß die Möglichkeit, auf eine würdige Weise zu sterben, eine hohe soziale Stellung zur Voraussetzung habe. Von einem Räuber, der wegen vieler Untaten zum Tode verurteilt war, wird berichtet, daß er, als der Staatsanwalt ihm mitteilte, die Hinrichtung werde am Montagmorgen um fünf Uhr vollzogen werden, nur kurz gesagt habe: ,,*Die* Woche fängt gut an!"

Dem Chronisten ist ein Fall zu Ohren gekommen, der sich im Sommer dieses Jahres auf der Donau abgespielt hat. Die wahrhaft philosophischen Ereignisse gelangen häufig erst spät zur Kenntnis der Menschen. Sie sind darum kein bißchen weniger bedeutungsvoll.

Es handelt sich um einen Vater, der mit seiner wohlgeratenen Tochter zu einer Schönheitskonkurrenz gefahren war. Das Töchterlein, in seiner ersten Lenze Pracht, schlug alle anderen wohlgeratenen Töchterlein aus dem Felde und wurde zur Schönheitskönigin der Wachau ausgerufen.

Welches Vaterherz würde sich da nicht mit Stolz füllen? Keinen Augenblick bedachte der Gute die sittlichen Gefahren, die seine Tochter von Stund ab bedrohten. Die Hoffart ist noch nicht einmal das schlimmste. Da gibt es Filmhoffnungen, die nicht in Erfüllung gehen, Männer, mit denen man sich unglücklich verheiratet, Kleider, Ansprüche, Ehrgeiz, kurz – alle die gefährlichen Folgen, die Erfolge nach sich ziehen. Fürwahr, Schönheitskönigin zu sein ist nur an einem einzigen Abend schön, an dem Abend, an welchem der Neid der anderen noch frisch und gelb über einen dahinrieselt.

Um all die drohenden Folgen kümmerte sich der Vater nicht. Er tat sich ganz fürchterlich einen antrinken, und froh singend fiel er bei der Heimfahrt aus dem Kahn in die Donau und ward nicht mehr geseh'n.

Die oberflächliche Berichterstattung der Journale sprach allgemein von einem Unglücksfall. Dabei handelt es sich um einen geradezu außergewöhnlichen Glücksfall. Wäre der Gute am Leben geblieben, er hätte mit seiner Tochter nur noch Ärger und Kummer erlebt. So schied er dahin im Bewußtsein, Vater einer Königin zu sein. Das Mädchen, statt hoffärtig zu werden, war so erschrocken, daß sie weder zum Film ging, noch eine gute Partie machte, sondern ihren Emil heiratete, der sie schon liebte, als sie noch keine Königin war, und der sie wahrhaft edel zu trösten wußte, nachdem sie als Königin so unglücklich geworden war. Selbst Solon würde nicht zögern, diesen Vater, der nur noch hätte unglücklich werden können, nach seinem Tode glücklich zu preisen. Ob der Mensch von heute, um den Ansprüchen der Philosophie genügen zu können, immer blau sein muß, das freilich bleibt auch weiterhin eine strittige Frage.

Clownerien

Lorbeer für Don Quixote

Als Schriftsteller hat man im Leben nur selten Gelegenheit, einen Dichter kennenzulernen. Die beiden Berufe haben zu wenig miteinander zu tun. Nur drei Dinge sind ihnen gemeinsam – das Papier, die Tinte und die Verleger.

Der Schriftsteller braucht nichts als seinen Verstand, einen kleinen Einfall und einen großen Vorschuß. Damit bäckt er frische Brötchen für die Intelligenz unter seinen Zeitgenossen. Der Dichter braucht Tiefe, ein Gemüt und Kredit bei seinem Kolonialwarenhändler. Dafür ist das, was er bäckt, das Brot der Kunst für die edlen Seelen unter seinen Zeitgenossen. Darum ist der Dichter schon im 1. Tausend der Bewunderung wert. Sein Name wird nach Jahrhunderten noch gepriesen. Der Schriftsteller gerät auch nach seinem 100. Tausend schnell in

Vergessenheit. Das Finanzamt erinnert sich zuweilen seiner Witwe. Die Glorie der Poesie verdunkelt den Nachruhm des Schriftstellers. Einer der bedeutendsten deutschen Schriftsteller ist vom Glanz des Dichters Goethe so vollkommen in den Schatten gestellt worden, daß er ganz und gar in Vergessenheit geraten ist. Das ist der Schriftsteller Goethe. Nur in jenen literarischen Katakomben, die man „Gesammelte Werke" nennt, fristet der Schriftsteller Goethe ein von Schatzgräbern gelegentlich wiederentdecktes Dasein.

Von jeher habe ich die Dichter bewundert. Die Kunst, zwei Wörter aufeinander zu reimen, ist mir immer als etwas ungemein Rätselhaftes und Geheimnisvolles erschienen. Welch merkwürdige Forderung des Reimes, daß an einer bestimmten Stelle eines Satzes nicht das Wort zu stehen hat, das seinem Sinn nach dorthin gehört, sondern ein anderes, das mit seinem Lautwert hinpassen muß! Daß das Ganze nachher gleichwohl einen Sinn gibt, wird mir ewig unverständlich bleiben. Nicht einmal unter den Hormonstößen meines Konfirmandendaseins haben sich je zwei Wörter mir gereimt. Der Mensch ist ein ungereimtes Wesen. Ich bin ein Mensch und auf Mensch gibt es bekanntlich keinen Reim. Und doch wäre ich beinahe ein Dichter geworden. Die Sache ist nur daran gescheitert, daß ich auf das einzige dichterische Werk, das am Horizont meiner Biographie aufgetaucht ist, einen zu großen Vorschuß bekommen habe.

Ein Dezennium lang habe ich Woche für Woche in Berliner Zeitungen ein Weekendfeuilleton geschrieben. Mich dieser Sache wegen für einen Schriftsteller zu halten, darauf wäre ich nie verfallen. Ich war halt ein Zeitungsschreiber.

Eines Freitags, als mir zu meinem Weekendfeuilleton wieder einmal nichts eingefallen war, wandte sich Paul Fechter, nachdem er das Manuskript gelassen für die Setzerei abgezeichnet hatte, mir zu mit jenem berühmten Lächeln, das man am treffendsten als herzliches Grinsen charakterisiert. Er teilte mir mit, daß ein Verleger sich für einen Sammelband meiner Feuilletons interessiere.

Ein Verleger – das war für uns so etwas wie ein Maharadscha, der Perlen und Diamanten verschenkt, welche man aufs Leihhaus tragen konnte, um vom Erlös doppelte Filetsteaks bei Kempinski zu essen, Schuhe besohlen zu lassen oder gar einen tollen Ausflug à deux in den Harz zu machen. Es war nicht irgendein beliebiger Verleger. Es war ein Dr. honoris causa, ein hochangesehener und hochgebildeter Mann, Chef eines der großen Verlagshäuser in der berühmten alten Bücherstadt Stuttgart in der Nähe des Neckars.

Wir trafen uns in seinem Berliner Büro. Er war voller Wohlwollen. Es dauerte nicht lange, bis man sich über eine Kleine Weltlaterne einig geworden war. Voller Großmut fragte er mich, ob ich noch irgendwelche Wünsche hätte. Wir jungen Leute waren damals nicht nur jung, wir waren auch frech. Da ich davon überzeugt war, daß der Verlag keine tausend Stück von diesem Buch je verkaufen werde, sagte ich mir, ein berühmter Zeichner könnte den Umsatz über das erste Tausend hinausbringen.

So schlug ich munter vor, von dem großen Olaf Gulbransson einige Zeichnungen zu erbitten. Zu meiner Verblüffung wurde mir das gewährt. Damit schien die Angelegenheit erledigt. Ich ahnte nicht, daß sie jetzt erst begann.

Jahrelang habe ich nicht gewagt, den großen Olaf Gulbransson, der mit seinen entzückenden und geistreichen Zeichnungen der Kleinen Weltlaterne erst den wahren Glanz gegeben hatte, in seinem Bauernhof am Tegernsee zu besuchen. Eines Tages kam ein Mann, dem Gott hold war, zu mir in meine Kassenpraxis in Berlin. Er wollte mich dazu überreden, für „Sprüche und Wahrheiten" von Olaf Gulbransson ein Vorwort zu schreiben. Ich war mir darüber im klaren, daß ich das nicht wollte und daß es nur darauf ankäme, den Vorschlag so höflich wie möglich abzulehnen. Aber dieser gewisse Gotthold verbarg listig seine Entschlossenheit und seine Intelligenz hinter der Maske eines harmlosen Pyknikers. Ehe ich mich's versah, hatte ich einen Scheck über fünfhundert Mark und eine Schlafwagenkarte in der Hand und fuhr gen Tegernsee. Aus diesem Scheck ist eine lebenslange Freundschaft sowohl mit Olaf wie mit Gotthold entstanden. So ist es nicht weiter verwunderlich, daß Gotthold schließlich auch die Kleine Weltlaterne in die Hand genommen hat. Jedoch, ich bin vom Thema abgeschweift. Aber welches Thema gäbe es, von dem ein Schriftsteller nicht durch einen Scheck zur Abschweifung gebracht werden könnte. Dieser Scheck ist eigentlich schon der zweite in dieser Geschichte. Der erste Scheck hat sehr viel weiter tragende Folgen gehabt.

Als bei der ersten Besprechung mit dem großen Verleger eine Einigung über den Feuilletonband erzielt war, begann der vortreffliche Mann, dem ich meinen Eintritt in die Literatur zu verdanken habe, ein neues Gespräch. Offenbar war er in dem für einen Verleger verständlichen Irrtum befangen, daß ich ein Schriftsteller oder gar ein Dichter sei. Er erkundigte sich auf das liebenswürdigste nach meinen literarischen Plänen. Sicherlich hätte ich doch ein größeres Werk in Arbeit. Ich erinnere mich noch genau, wie ich bei dem Wort „Werk" zusammengezuckt bin. Ich hatte weder irgendwelche Pläne noch wäre ich je auf die Idee gekommen, daß so etwas wie „ein Werk" mir überhaupt zustünde.

Ich meinte mit glatter, gleisnerischer Lippe, daß man doch eben Geld verdienen müsse und zu einem größeren Werk so leicht nicht käme. Hier beging der reizende Mann seinen zweiten Fehler. Er hielt meine Bemerkung für eine Anspielung auf einen Vorschuß und deutete das auch an.

Dies natürlich war einer der Augenblicke, in welchem ein junger Mann, den das Leben hart gebeutelt hatte, hell wach wird. Der einzige Plan, den ich tatsächlich hatte, war, mit einer schönen Dame nach Korsika zu fahren. Diesem Plan fehlten bislang die Betriebsmittel. So hieß es also für mich ad hoc ein säkulares Lebenswerk erfinden. Dafür stand mir nicht mehr Zeit zur Verfügung als eine kleine Gesprächspause. Mit einem flüchtigen Gedanken an die Brandung von Korsika sagte ich mir, daß, wenn mir jetzt nichts einfiele, die schöne Dame zweifellos eher auf mich, als auf Korsika verzichten werde. So geriet ich ins Stottern. Das war natürlich das Richtige, um bei einem Kenner der Literatur den Eindruck eines bescheidenen, aber echten Dichters hervorzurufen. Ich stotterte und stotterte und in diesem Augenblick fiel der Einfall – nun, eben vom Himmel. Es ist der beste literarische Einfall, den ich je in meinem Leben gehabt habe. So deduzierte und explizierte ich, nunmehr fließend, daß, wie James Joyce den Odysseus in unsere Welt metaphysisch transferiert habe, so sei es an der Zeit, den Don Quixote der modernen Technik zu schreiben. Ich erinnere mich genau, daß ich „metaphysisch" gesagt habe, obwohl ich erst ungefähr ein Vierteljahrhundert später zu begreifen begann, was dieses Wort überhaupt bedeutet. Mehr als „metaphysisch" sagte der bescheidene Dichter nicht, ganz einfach, weil er mehr von der Sache selbst noch gar nichts wußte.

Das Ganze war ein Schuß ins Schwarze. Mit einem Scheck über zweitausend Mark in der Tasche verließ ich dieses denkwürdige Treffen. Nie in meinem Leben habe ich mich je wieder so reich gefühlt. Aber Geld ist ein Etwas, das voller Geheimnisse steckt. Nur der Teufel weiß damit Bescheid.

Die Sache mit dem Vorschuß nahm demgemäß einen unglücklichen Verlauf. Die Kleine Weltlaterne geriet über das erste Tausend hinaus. Der Vorschuß für den Don Quixote schmolz dahin wie Schnee in der Sonne. Das dichterische Werk geriet in Vergessenheit. Ich nahm neue Vorschüsse. Kurz und gut, der Beruf des Schriftstellers ergriff mich.

Hätte ich keinen Vorschuß bekommen, hätte ich Schulden beim Kolonialwarenhändler gemacht. Ich

hätte den Don Quixote auf den Fountain Pen ge-
spießt. Ich wäre – vielleicht – berühmt geworden.
Aber schließlich, es ist noch nicht aller Nächte
Morgen. Wahrscheinlich ist es für einen Schriftsteller von Vorteil, wenn er sein dichterisches Lebenswerk noch vor sich hat. So werde ich vielleicht
eines Tages doch noch den „Don Quixote" meinem
Verleger auf den Schreibtisch legen – ohne Vorschuß natürlich, es sei denn in Lorbeer.

Schicksal mit Frist

Fast jeden Morgen, wenn man sein Frühstücksbröt-
chen zu sich genommen hat, pflegt es zu klingeln.
Das ist der erste dramatische Moment des Tages.
Unten vor des Hauses Tor dreht das große Roulette
des Lebens Hunderte von Menschen vorüber. Einer
krümelt sich aus dem Strom heraus und nähert sich
der Haustür. Zuerst muß er die Quarantänekommis-
sion passieren. Portiersfrauen, die Schicksalsnornen
des kleinen Mieters, sind morgens schlecht gelaunt.
„Ze wem woll'n Se denn?"
„Fünfter Stock links!"
Er rüstet sich zum Anstieg und klettert Stufe um
Stufe empor. Noch sitzt man unschuldig und fried-
voll, eine Meise auf dem Fensterbrett betrachtend,
seinem Tage gegenüber, der endlich vielleicht Großes bringen wird.
Wenn es dann klingelt, ist es, als ob der Croupier
des Glücks sagt: „Rien ne va plus!" Der Würfel ist

geworfen. Der Rubikon schäumt auf. Sieg oder Niederlage – alles hängt von der Türklinke ab.

Natürlich, man kann es sich einfach machen und nicht öffnen. Aber ist das eines Menschen würdig, der weiß, daß er aus dem Paradies vertrieben ist? Eine Schlacht kann nur gewinnen, wer bereit ist, sie zu verlieren. Ins Grab sich zögern kann nicht unsere Aufgabe sein.

Öffnen wir!

Es herrscht die allgemeine Meinung, daß der angenehmste Mensch, dem man da öffnen könne, der Geldbriefträger sei. Tatsächlich, Geldbriefträger sind in der ganzen Welt freundliche Leute.

Sind wir doch geneigt, Wohltaten, die wir durch eines Menschen Hand empfangen, ihm selbst als Verdienst anzurechnen. Freilich verhalten wir uns da nicht viel geistreicher als König Dareios, der den Boten, der ihm die Nachricht von der verlorenen Schlacht von Marathon brachte, töten ließ. Ich glaube, daß die Geldbriefträger nicht nur Spiegel unserer freundlichen Gefühle, sondern von Natur freundlich sind. Alle Menschen, die viel mit Menschen zu tun haben, werden mit den Jahren milder und nachsichtiger.

Dann gibt es die Bettler. Man sollte sie nicht gänzlich abschaffen. Es ist niemals ein schlechtes Zeichen, wenn als erster morgens ein Bettler klingelt. Die Bettler geben uns die Möglichkeit, den Göttern zu opfern. Man sollte die nicht mißachten, die uns für einen Groschen dem Olymp in Erinnerung bringen. Vortrefflich auch, wenn Frau Klotz die frische Wäsche bringt! Das Oberhemd im Schrank ist Linnen und geeignet, uns mit dem erhabenen Gefühl von Besitz und Wohlstand zu erfüllen.

Auch Spenden, die an der Tür erbeten werden, bringen uns nicht aus der Fassung. Sie haben den Vorteil, daß es, sie zu geben, allemal besser ist, als sie nicht zu geben. Auch hier bleiben wir nicht unbelohnt. Man spendet sich so durch! Nun aber klingelt es, und die Kugel des Glücks rollt Zero. Vor der Tür steht ein würdiger Mann mit Aktentasche. Er entnimmt seiner ledernen Pandorabüchse ein amtlich knisterndes Papier. Es ist der Herr Vollstreckungsbeamte!

Niemand wird im ersten Augenblick allzu höflich gegen ihn sein. Wer möchte um Mitleid bitten, wo er Gerechtigkeit zu fordern das edle Recht des Bürgers hat. Auch hegt man den Verdacht, ein Gerichtsvollzieher müsse ein grimmiger Herr sein. Die Würde des Staates verträgt keinen Spaß.

Also bittet man ihn mit gemessenen Worten, ins Zimmer zu treten, in das Zimmer, von dem man noch nicht weiß, ob es ihm nicht gehören wird, wenn er es wieder verläßt. Scheu blickt man sich um. Die Kommode sieht aus, als ob sie Beine habe und davonlaufen wolle. Die Bilder pendeln sanft im Winde der Gefahr. Setzt man sich, hat man das Gefühl, der Stuhl weiche unter einem von hinnen.

Aber wahrhaftig, der Herr Vollstreckungsbeamte rückt alles, was er ins Wanken zu bringen scheint, selber wieder zurecht. Ich glaube nicht, daß es sich mit irgendeinem Zeitgenossen angenehmer plaudern läßt als mit einem Vollstreckungsbeamten. Versteht er doch des Daseins Kummer besser als irgendeiner. Ist er doch bereit, einem Glauben zu schenken. Findet er doch, daß Schulden vielmehr ein Unglück als eine Schande sind. Welch ein Philosoph! Schließlich überkommt einen etwas von dem souveränen Gefühl eines Königs, der noch in seinen letzten Minuten auf dem Schafott leutselig mit seinem Scharfrichter sich unterhält.

Ich ziehe den Vollstreckungsbeamten einem Geldbriefträger vor. Die Konversation mit einem Geldbriefträger erhebt sich selten über landläufige Redensarten hinaus. Die Unterhaltung mit einem Vollstreckungsbeamten geht dem Schicksal auf den Grund und steigert sich in der Gemeinsamkeit einer zu lösenden Aufgabe zu wahrer Humanität.

Wo sollen die achtundsechzig Mark fünfzig herkommen benebst den Gebühren, von denen der Herr Vollstreckungsbeamte mit so viel Delikatesse versichert, daß sie durchaus nicht für ihn selbst bestimmt seien. Niemand könnte je so taktlos sein, das auch nur zu vermuten.

Man ist bereit, ihm Kasten und Schränke zu öffnen. Man bedauert förmlich, nicht durch ein altes Silberservice dem trefflichen Manne die Mühe seines Berufes erleichtern zu können. Aber, beim Jupiter, die achtundsechzig Mark fünfzig sind nicht da.

Indessen, es ist nicht notwendig, den Frack vom Bügel zu nehmen. Der Herr Vollstreckungsbeamte hat noch ein letztes Mittel zur Verfügung, mit dem er alle Schwierigkeiten beseitigt. Das Wunder heißt die Frist. Es ist förmlich, als hätte man auf Zero gesetzt und gewänne nun mit der Bank. Drei Tage Frist! Was soll einem da noch passieren! Der Dich-

ter zückt die Feder und bereichert die Nation um
ein neues Meisterwerk. Es ist nicht sein Verdienst.
Alle Ehre gebührt einzig der Humanität des Vollstreckungsbeamten. Wie viele treffliche Werke mag
die zeitgenössische Literatur enthalten, die nicht im
schöpferischen Rausch, sondern erst in der Frist
geschrieben wurde.

Wenn ich mir eine literarische Ehre in meinem
Leben von Herzen wünsche, ist es die, Ehrenmitglied
des Bundesverbandes deutscher Vollstreckungs-
beamter zu werden.

Niemand kann seinem Schicksal entgehen. Aber
Schicksal mit Frist ist wahrhaftig zu ertragen.

Die Unentbehrlichkeit der Faulheit

Ein englischer Arzt hat sich von den Bazillen, die so
lange modern waren, abgewandt und sich die Erforschung der Faulheit zur Aufgabe gemacht. Man
brauchte sich nicht weiter zu verwundern, wenn der
Forscher, von den Bazillen gelangweilt, seinen ärzt-
lichen Beruf aufgegeben hätte und Moralphilosoph
geworden wäre. Aber dem ist nicht so. Er hat sich
die Faulheit zum biologischen Forschungsgebiet
genommen. So durften wir von vornherein überra-
schender Ergebnisse sicher sein. Wenn man einen
Biologen mit der Faulheit konfrontiert, muß das zu
ebenso sonderbaren Wirkungen führen, wie wenn
man einen Moralisten den Bazillen gegenüberstellt.
Spirochaeten, diese vornehmen Mikroorganismen,

die sich nur mit Silber färben lassen, bekommen dann einen hohen, wenn auch mit negativem Vorzeichen versehenen Rang. Ihre Gestalt, die sowohl an Korkenzieher wie an Locken erinnert, gewinnt, vom Moralischen her betrachtet, eine eminent symbolische Bedeutung. Wir wissen mit Bestimmtheit, daß noch heute Nachkommen der Spirochaeten, die die Matrosen des Columbus aus Amerika mitbrachten, am Leben sind, während es Nachkommen dieser Matrosen kaum mehr geben kann. Auch das ist, wenn man der vielen berühmten Leute gedenkt, die in die Geschichte der Spirochaete eingegangen sind, bemerkenswert.

Die Faulheit wurde bisher allgemein als ein dem Moralischen zugeordneter Sachverhalt betrachtet. Sie war ein Laster, das es zu bekämpfen galt. Es ist sehr fraglich, ob sich diese Auffassung halten läßt. Sicher waren wir im unschuldigen Stande des Paradieses faul. Die Arbeit wurde uns erst bei der Vertreibung aus dem Paradies als Strafe auferlegt. Wenn die Faulheit auch keine Tugend ist, ein paradiesisches Laster ist sie in jedem Fall.

Die gefährliche Neigung des Menschen zur Entwicklung eines exorbitanten Tätigkeitsdranges findet in seinem natürlichen Hang zur Faulheit ein glückliches Gegengewicht. Freilich, so weit verbreitet das Talent zur Tätigkeit ist, so selten ist das wahre und echte Talent zur Faulheit. Warum das so ist, darüber geben uns die Erkenntnisse des englischen Arztes manch überraschenden Aufschluß.

Dieser Mann hat herausgefunden, daß die Faulheit eine Krankheit ist, und zwar eben keine moralische, sondern eine biologische Krankheit. Krankheiten sind im ganzen selten. Soviel Aufhebens die Menschen von den Krankheiten machen, es sind doch bei weitem die meisten Menschen den größten Teil ihres Lebens gesund, und dann erst sind sie tot.

Die Krankheit ist das Vorzimmer ebenso zur ewigen Seligkeit wie zur Hölle. Das gibt ihr ohne Zweifel eine bedeutende Würde. Aber das Bemühen geht doch allgemein dahin, aus dem Vorzimmer so schnell wie möglich rückwärts wieder herauszukommen. Der moderne Mensch hat nicht die Nerven, mit einiger Ruhe auch die andere Tür dieses Vorzimmers mit geziemendem Respekt zu betrachten. Man weiß nicht, was dahintersteckt.

Nachdem sich herausgestellt hatte, daß Faulheit eine biologische Krankheit ist, bedeutete es keine große Anstrengung mehr, die Methoden zu ihrer Heilung zu finden. Der englische Forscher hat ein Serum hergestellt, das man einspritzt, und die Faulheit verschwindet aus dem Organismus wie die Spirochaete unter der Wirkung von Geheimrat Ehrlichs Dioxydiaminoarsenobenzol.

Die Biologen sind natürlich entzückt. Aber mag der Faule für den Biologen bedeutungsvoll und der Fleißige ihm gleichgültig sein, der Moralist wird sich, nachdem die Faulen alle verschwunden sein werden, um die Fleißigen kümmern müssen.

Die Welt wird einen gewaltigen Verlust erleiden. Erstens einmal gibt es niemanden mehr, den die Fleißigen beneiden können. Ihre ganze moralische Überlegenheit ist mangels jeden Gegensatzes dahin. Zweitens werden die Menschen nunmehr aufhören zu denken. Arbeiten kann man nur, wenn man nicht denkt. Und denken kann man nur, wenn man nicht arbeitet. Das ist eine alte Weisheit.

Im Sommer werden die Moralisten einen gewaltigen Propagandafeldzug entfesseln, um die Serumfleißigen zu vier Wochen Faulheit zu veranlassen. Man sieht, wie unentbehrlich das Laster für die allgemeine Ökonomie der Welt ist, und daß eine Tugend um so wertloser ist, je weiter sie verbreitet ist.

Wir sind alle tugendhaft genug, unsere Mitmenschen nicht, sonntags, am Spieß gebraten, zu verzehren. Da wir alle diese Tugend haben, ist sie vollkommen ohne moralischen Wert. Wir sind aber durchaus nicht alle höflich und nett zueinander. Darum sind Höflichkeit und Nettigkeit zwei hervorragende und allgemein geschätzte Tugenden.

Wie weit auch immer das Serum sich verbreiten möge, es wird immer Impfgegner geben. Einsichtige Menschenfreunde werden sich opfern, dem menschlichen Geschlecht die Faulheit zu erhalten. Sie werden die Tugend des Lasters pflegen, die seltenste und edelste Form sowohl der Tugend wie des Lasters. Mag ihnen ihr Opfer auch schwerfallen, sie werden reichlich belohnt werden. Während sie in der Sonne auf dem Bauche liegen und sich ihre lasterhafte Pelle bräunen lassen, haben sie den aufregenden Anblick einer sich in immer rasenderem Tempo fortbewegenden Zeit. Das Ziel dieser rasenden Bewegung liegt im Dunkel der Zukunft.

Man ist nicht ohne Sorge, daß es ein Abgrund ist, dem die Menschheit mit siebenhundert Stundenkilometern entgegenrast. Aber jedenfalls wird dann, vermutlich im letzten Augenblick, ein Forscher mit der äußersten Anspannung seines Serumfleißes ein Serum erfinden, mit dem man Faulheit erzeugen kann. Die Menschheit wird gerettet sein!

Die Wissenschaft hat von jeher sorgfältig auf die Trennung ihrer Gebiete geachtet. Man sieht, welch weise Überschau über das Ganze darin zum Ausdruck kommt. Als einmal ein Gynäkologe anfing, sich mit der Liebe zu beschäftigen, bekamen wir die „Vollkommene Ehe" vorgesetzt, die sicher das Unvollkommenste an Ehe war, was jemals beschrieben wurde. Wir legen keinen Wert darauf, daß die Biologen vielleicht noch ein Serum gegen die Dummheit erfinden, diese für den Fortbestand der Menschheit bei weitem unentbehrlichste der menschlichen Eigenschaften. Wir legen ebenso keinen Wert auf Injektionen gegen Gutmütigkeit oder gegen Bosheit. Nur die Poesie darf sich sowohl mit der Schwingachse wie mit dem Schwanz der Kuh, mit dem Himalaya wie mit dem Rheuma, mit der Orchidee wie mit dem Ölkanister befassen. Die Poesie ist die einzige Disziplin, der die Welt als Ganzes offensteht. Das darf uns zwischen Spirochaeten und Verbrennungsmotoren, zwischen Weltrekorden und Impfstatistiken, zwischen Lastern und Export, zwischen Tugend und schiefen Absätzen ein Trost sein.

Oberflächliche Betrachtung

Kaninchen sind sanfte Tiere. Die freundliche Hand des Schöpfers hat ihnen einen Ausdruck von Unschuld verliehen, der uns entzückt. Unsere Ansicht über die Unschuld der Kaninchen ist sicher Unsinn. Ein Krokodil am Blauen Nil frißt einen Neger mit der gleichen Unschuld wie das Kaninchen sein Kohlblatt. Aber dieser Unsinn hat, wie fast jeder Unsinn auf der Welt, eine tiefere Bedeutung, und zwar eine moralische. Das menschliche Bedürfnis nach moralischer Ordnung ist so groß, daß wir sogar die Tiere in diese Ordnung einbeziehen. Als Beweis für diese Behauptung kann man den Satz anführen: „Der Löwe ist gelb und großmütig." Jedermann ist bereit, diesen Satz zu akzeptieren. Es wäre wahrhaftig ein ganz verdrehter Einfall, den Beweis dafür zu verlangen, daß der Löwe gelb sei. Tatsächlich kommt auch niemand auf die Idee, einen Beweis dafür zu verlangen, daß er großmütig sei. Der Löwe, dieses edle Tier, ist ein für allemal gelb und großmütig.

Die alten Maler haben das viel besser gewußt als die Naturalisten einer ungläubigen Zeit. Wenn sie den heiligen Hieronymus malten, malten sie ihn nie ohne seinen vierbeinigen Begleiter. Die meisten von diesen Malern hatten niemals einen Löwen gesehen. Vom zoologischen Standpunkt aus könnte der vierbeinige Begleiter des heiligen Hieronymus auf den alten Bildtafeln ebensowohl für ein kleines Kalb wie für einen großen Hund hingehen. Aber eben nur vom zoologischen Standpunkt aus! Vom moralischen Standpunkt aus waren diese Tiere immer so ausgesprochen gelb und so überwältigend großmütig, daß es für einen gläubigen Betrachter niemals einen Augenblick des Zweifels geben konnte, daß ein Löwe gemeint sei. Die moralischen Eigenschaften der Tiere sind beständig. Auch sind sie in fast allen Kulturen dieselben. Für die Beständigkeit der moralischen Eigenschaften des menschlichen Geschlechts dürfen wir daraus einige Hoffnung schöpfen. Auch die genialste Imagination wäre nicht imstande, sich die Tiere im „Reineke Fuchs" anders einzubilden als so, wie sie da auftreten. Der Adler ist immer ein edler Vogel und der Geier immer ein gemeines Tier. Welche Delikatesse allein schon entwickelt die Sprache in den Namen der Tiere.

Durch den Vers eines Gedichtes schwebt der Adler mit erhabenem Flügelschlage, während der Geier seinen scheußlichen nackten Hals nur aus einem Hiatus hervorzustrecken vermag. Das Wort Löwe kann man überhaupt nur aussprechen in einer Art von majestätischem Gähnen.

Wenn man einem Taubstummen einen Begriff von dem Vokal U geben wollte, am besten zeigte man ihm ein Gnu. Wie wunderbar drückt sich die Mischung von Zartheit und Majestät unseres größten Dickhäuters in seinem Namen Elephant aus.

Verständlicherweise gerät man in Besorgnis, wenn die sichere Hierarchie der Werte ins Wanken gerät. Daß es gerade das Kaninchen ist, das in aller moralischen Unschuld an den Fundamenten dieser Hierarchie nagt, setzt einen besonders in Erstaunen. In einer unserer angesehensten Gazetten fand ich den

Satz: „Auf einem Kaninchen wachsen zwei Pullover." Dies, ohne Zweifel, muß als eine unmoralische Tatsache bezeichnet werden.

Daß auch Kaninchen Haare lassen müssen, ist noch nicht so schlimm. Das müssen die Lämmer sowohl wie mancher von uns auch. Aber daß sie nur noch als eine Art von Oberfläche betrachtet werden, auf der die Rohstoffe wachsen, die zur Erfüllung der leichtsinnigen Träume junger Mädchen benötigt werden, heißt den Kaninchen bitteres Unrecht tun. Damit beraubt man sie nicht nur ihrer Unschuld, sondern ihres immanenten Charakters als Geschöpf. Es wäre so, als ob die Kaninchen unsere jungen Mädchen nur noch als eine Art von Oberfläche betrachteten, die dazu da ist, mit Kaninchenhaaren bedeckt zu werden.

Wir wollen durchaus absehen von den Einwänden der kosmetischen Industrie, die diese Oberfläche zur Aufnahme ihrer Jahresproduktion beansprucht. Aber jedermann wird zugeben, daß man auch den jungen Mädchen so nicht gerecht werden kann. Man mag die Oberfläche junger Mädchen betrachten, wie man will, auch für sie, als Geschöpfe des Himmels, ist das Äußere das Gefäß ihrer Seele.

Wenn man auf den Kaninchen statt Haaren Pullover wachsen läßt, bedroht man nicht nur die zarte Unschuld der Kaninchen, sondern auch die süße Unschuld der jungen Mädchen.

Was unserer Textilindustrie zu fehlen scheint, ist, wie man sieht, durchaus nicht der Absatzmarkt, sondern das Studium der Poesie und eine bessere Kenntnis der alten Fabeln. Christian Fürchtegott

Gellert, in Pullover gebunden, wäre ein schönes Geschenk der Textilindustrie für die jungen Mädchen. Selbst wenn sie keinen Bücherschrank besäßen, könnten sie das Werk in diesem Einband ruhig in den Kleiderschrank stellen. Dann hätten sie jederzeit ein schönes Beispiel vor Augen, wie ein Pullover nicht nur einen oberflächlichen Inhalt, sondern einen tiefen Gehalt umhüllt.

Freilich, wenn ich ein Pullover wäre, würde auch ich die Oberfläche eines jungen Mädchens der Tiefe eines Fabeldichters vorziehen.

Leider bin ich ein Chronist. So bleibt mir nichts anderes übrig, als die umgekehrte Auffassung zu vertreten. Nachdenklichkeit nur erfaßt den Chronisten, wenn er das Schicksal des Kohlblattes bedenkt. Wenn es im Stall in der Ecke liegt, kann ihm tatsächlich nichts Besseres passieren, als von einem Angorakaninchen gefressen zu werden. Wenn die Ziege es frißt, wird es höchstens als Käse in einem Vorstadtladen wieder zu sich kommen. Wenn aber das Kaninchen das Kohlblatt frißt, wird es zu Angorawolle und kann noch an einem heiteren Nachmittag beim Fünfuhrtee als blauer Fleck auf einem Pullover in der Sonne leuchten. Der junge Mann, der bewundernd auf diesen Fleck blickt, weiß nicht, was für ein Kohl ihm da Eindruck macht und daß beinahe Ziegenkäse daraus geworden wäre. Wie glücklich dürfen wir uns schätzen, so wenig von den Zusammenhängen auf dieser Welt zu wissen. Es gibt keine harmonischere Ehe zwischen zwei Begriffen als die zwischen Illusion und Ignoranz.

Eine aufgeblasene Realität

Die Technik in ihrer rasanten Entwicklung ist im Begriff, einen neuen Stil zu entwickeln. Diesmal freilich handelt es sich weder um alte noch um neue Sachlichkeit, sondern um einen Stil, den man wahrscheinlich einmal mit „Kunststoffbarock" bezeichnen wird. Ein genialer Kopf hat sich gefragt, warum wir uns eigentlich darauf beschränken sollten, auf Luft nur einherzurollen. Er setzte sich hin und konstruierte einen Klubsessel, der nur aus Gummi besteht. Ist man müde und bedarf seiner, bläst man ihn auf. Schon steht er da – bequem, elastisch, geschwollen. Läßt man sich in ihm nieder, seufzt er nur leise. Obschon er nur aus Kontur und Zwischenraum besteht, ist er dennoch eine wenn auch aufgeblasene Realität.

Die Technik hat keinen Grund, vor dem Klubsessel stehenzubleiben. Sie wird sich hineinsetzen und durch weiteres geniales Konstruieren unsere harte Welt in sanfte Ballons verwandeln. Der moderne Mensch trägt künftig sein Heim zusammengefaltet in der Aktentasche bei sich. Wo immer es ihn packt, bläst er es auf und läßt sich nieder. Eine besonders reizvolle Variante des neuen Luftbarocks wird das ganz aus Luft und Gummi bestehende Automobil sein. Wenn zwei dergleichen Autos zusammenstoßen, ertönt nur eine Art himmlischer Pfiff. Beiden Realitäten entweicht die Luft. Die zwei karambolierten Verkehrssünder sitzen einander gegenüber, jeder auf einem Häufchen Gummi, wie zwei vom Himmel gefallene Engel. Doch glaube man nicht, daß der Luftbarock nur ein technischer Fortschritt sei. Er ist auch ein moralischer Fortschritt.

Wenn wir erst einmal in unseren Gummiheimen nebeneinander hausen werden, müssen wir uns neuer Tugenden befleißigen. Läßt zum Beispiel der liebe Nachbar ohne Pause sein Grammophon laufen und man sticht voll blinder Wut mit einer Stricknadel in die Wand seines Gummiheims, also daß es zusammensackt, wird der liebe Nachbar seinerseits die Stricknadel ergreifen, und dann sitzen beide als Gummifiguren im Freien. Der Gummibarock wird uns zwingen, die Tugend der Verträglichkeit in einem zur Zeit noch unvorstellbaren Maße zu entwickeln. Und das jedenfalls könnte uns nichts schaden. Wahrscheinlich auch wird das Dasein im Gummibarock äußerst gesund sein. Das ganze Leben wird sich mit Sublimat leicht reinigen lassen.

Tief bedauern nur muß man die Fräuleins, die im Warenhaus verkaufen. Zwar werden die Warenhäuser klein gehalten werden können, weil die Welt gefaltet im Fach liegt. Aber für aufgeblasene Kunden von morgens bis abends aufzublasen, ist ein hartes Los. Das gegebene Weihnachtsgeschenk des nächsten Jahres ist eine Luftpumpe mit einem ganzen Satz der verschiedensten Ventile.

Der Gummibarock, natürlich, ist patentfähig. Auch das ist ein Fortschritt, den wir der modernen Zivilisation verdanken. Wohltäter der Menschheit üben das Wohltun nur noch gegen prozentuale Beteiligung aus. Wenn man sich vorstellt, daß der alte Prometheus auf die Entdeckung des Feuers ein Patent genommen hätte, er wäre heute sicher ein wohlhabender Mann. Der neue Prometheus, der das Wattlicht erfand, war nicht so leichtfertig, sein Genie zu verschenken. Das himmlische Licht wurde der Menschheit vom Schöpfer geschenkt. Das Wattlicht ist nur gegen Lizenz zu haben.

Was auch immer man darüber denken mag, die Wohltäter der Menschheit wird man, seit sie lizenzberechtigt sind, nicht weniger feiern, sondern mehr. Banting und Best, jene beiden genialen Forscher, die vor einigen Dezennien der Menschheit das Insulin als großartiges neues Heilmittel schenkten, ohne es zum Patent anzumelden, galten zwar allgemein als Idealisten, aber insgeheim als ein bißchen doof. Wären sie im Zwölfzylinder zum Forschen gefahren, anstatt weiterhin zu Fuß zu gehen, die Menschen hätten sie mehr bewundert. Sie bewundern nur das gerne, was sie sich selber zutrauen. Sie fahren lieber schäbig, als daß sie nobel laufen.

Unterdessen sind noch ganz andere Dinge als Wohltaten und Gummibarock patentfähig geworden. Nach einem neuen Gesetz der Vereinigten Staaten können neu gezüchtete Pflanzen patentiert werden. Achtung! Blaue Butterblume! Nachahmung verboten! Jedoch – eine stille Kuh frißt die Blaue Blume der neuen Zeit in sich hinein, als ob sie die reinste unpatentierte Schöpfung wäre. Dann gibt sie das Samenkorn auf einem ebenfalls gesetzlich noch ungeschützten Weg wieder von sich und nunmehr, durch die Kuhpassage von allen Schlacken einer gierigen Zivilisation gereinigt, blüht die Blaue Blume von neuem auf, zart und unschuldig, ein ganz patentes kleines Ding.

Ein vom Institut gekreuzter Schmetterling schaukelt sich auf ihr, und der zur Wahrung der Interessen der Genialität angestellte und hochbezahlte Syndikus läuft vergebens mit dem gesetzlichen Schmetterlingsnetz hinter ihm her. Der patentierte Schmetterling entschwebt mit Grazie in den blauen Dunst, den wir uns vormachen. Die neue Blaue Blume lächelt in des lieben Gottes eigenen Himmel hinein.

Prometheusbrüder

Seit langem gibt es hierzulande eine edle Brüderschaft des Wohlwollens und der Höflichkeit, die bisher nur wenig Beachtung gefunden hat. Sie ist nicht so sehr geheim als bescheiden. Daß sie so wenig auffällt, hat seinen Grund darin, daß ihre Riten unauffällig sind. Die Brüder dagegen erkennen einander mit Sicherheit. Nichteingeweihten entgeht es, wenn zwei bis dato einander unbekannte Ordensmitglieder Verbindung aufnehmen.

Sie verehren das Feuer. Wo immer das Leben ihnen einen Augenblick Zeit läßt, bringen sie ihrem Gott das Opfer. Manchmal, auf einem Stadtbahnsteig oder an der Haltestelle einer Elektrischen, kann man sie beobachten, unruhig, spähend, etwas in der Hand verborgen haltend. Plötzlich sieht man sie auf einen völlig Fremden zutreten. Sie murmeln einige unverständliche Worte. Dann gibt der eine dem anderen Feuer.

Eine Umfrage unter zweiundzwanzig Männern aller

Klassen und Stände hat ergeben, daß es keinem einzigen je in seinem Leben zugestoßen ist, daß ein Raucher, der das göttliche Feuer des Prometheus an der Spitze seines Krautstengels glimmend erhalten hatte, unhöflich geworden wäre, wenn man ihn darum bat, von seiner Himmelsgabe etwas abzugeben. Einer berichtete, was seinem Vetter Benjamin zustieß, als dieser auf einen alten Todfeind zugetreten war, ohne ihn erkannt zu haben. Der Todfeind faßte mit jener unnachahmlichen Gebärde der höflichen Brüderschaft an den Hut und hielt Benjamin seine Zigarre hin. Erst nachdem auch Benjamins Zigarre richtig brannte, zog der Todfeind den Revolver, faßte noch einmal höflich an den Hut und gab nochmals Feuer. Auf Benjamins Epitaph steht der schlichte Satz: „Hier ruht der Raucher Benjamin." Die Prometheusbrüder pflegen jedes Jahr an Benjamins Grabstätte Ringe zu blasen.

Wir verstehen einander in unsrer Qual. Ist dieser Mann, der mit einer Zigarre ohne Feuer durch den Kosmos trabt, nicht ein später Enkel jener Troglodyten, zu denen Prometheus noch nicht gekommen war? Jener mit dem Feuer dagegen, ist er nicht der Gott selber, der auf die Erde herniedergestiegen ist? Wie sollte er unhöflich werden? Wir alle können Benjamins Todfeind verstehen.

Der Chronist hat noch zu berichten von einem Mann am Millerntor in Hamburg, den er an jener Stelle erlebte, wo die Reeperbahn vor Mitternacht anfängt und nach Mitternacht aufhört. Um Feuer gebeten, ließ der Mann am Millerntor es sich nicht nehmen, dem Chronisten seine Schachtel Streichhölzer zu schenken. Der Chronist stand lange, innerlich bewegt, unter dem Sternenhimmel allein.

Eine amerikanische Zigarettenfabrik fügt ihren Pakkungen Gutscheine bei, für die man Trauringe einlösen kann. Wie man hört, haben bisher viertausend junge Zigarettenpaare geheiratet.

Ohne Zweifel, diese Firma handelt klug. Erstens weiß sie, daß Männer, die rauchen, gemeinhin gutmütig und weltfroh sind. Unter denen, die glauben, man könne glücklich werden, indem man eine Frau glücklich macht, werden die Raucher einen beträchtlichen Anteil darstellen. Zweitens aber kann die Firma damit rechnen, daß die junge Gattin ihr schon aus Dankbarkeit ihren Kunden erhalten wird. Die jungen Frauen werden dabei nicht schlecht fahren. Männer ohne Untugenden sind widerliche Ekel. Also kann es nicht darauf ankommen, den Männern die Untugenden abzugewöhnen. Die sympathischste Untugend eines Mannes ist das Rauchen. Es ist das Bild einer Dogge, die ihre wilden Möglichkeiten vergißt, solange sie einen Knochen zwischen den Zähnen hat.

Das Wertvollste an der Idee der amerikanischen Zigarettenfabrik sind ihre logischen Schlüsse. Wenn man heiratet, muß man Trauringe haben. Das ist unbestreitbar richtig. Also, sagten die Zigarettenleute, wenn man Trauringe hat, wird man heiraten. Dieser Schluß wird auf dem Gebiete der reinen Ratio kaum Anerkennung finden. Im Reich der Magie ist er von überzeugender Richtigkeit.

Überall belebt der blaue Dunst, der den Lichtpunkten des Prometheus in der Hand von Männern entsteigt, das Gemütsleben. Eine unserer großen Zigarettenfabriken schenkt ihren Arbeiterinnen sechshundert Mark zur Hochzeit und ihren Arbeitsplatz dem glücklichen jungen Ehemann.

Hier werden Pflichtkomplexe umgeladen. Ein junges Mädchen muß sich verpflichten, einen Mann zu heiraten, wenn sie zu arbeiten aufhört. Ein junger Mann muß sich verpflichten, zu arbeiten, wenn er mit der Ehe anfängt. Wir aber müssen uns verpflichten, zu rauchen wie die Schlote, damit die Schlote rauchen können. Arbeiten macht einem Manne Spaß. Heiraten macht einem Mädchen Spaß. Dabei zusehen und rauchen macht uns, den Brüdern des Prometheus, Spaß.

Gehen Sie mit mir konform?

Dann darf ich Sie um Feuer bitten!

Zauberei

In München fand der Weltkongreß der Zauberer statt. Aus aller Welt sind sie erschienen, die Männer, deren Aufgabe es ist, zu beweisen, daß Physik bewiesen werden muß. Wir alle sehen Zauberer gern. Wir lassen uns von ihren Kunststücken verblüffen, aber wir sind auch stolz darauf, genau zu wissen, daß es mit rechten Dingen zugeht. Wir sind so aufgeklärt, daß wir nicht mehr an Wunder glauben. Niemand bemerkt, daß, während wir es aufgegeben haben, an Wunder zu glauben, wir bereit sind, an etwas viel Verrückteres zu glauben, an etwas, das weit jenseits der Grenzen unseres Verständnisses liegt, nämlich an die mathematischen Formeln der Physik.

Wenn der Zauberer eine Kugel von der Erde aufsteigen läßt, sind wir bereit, zu schwören, daß irgendein Faden da sein muß, der sie hält. Wir glauben energisch an den Faden zwischen der Kugel und der Hand des Zauberers, obwohl niemand den Faden sieht. Wir glauben an diesen Faden ebenso energisch wie an die Verbindung zwischen Kugel und Erde, die man Schwerkraft nennt und die auch noch niemand gesehen hat.

Einige Leute werden sagen, daß man die Schwerkraft beweisen könne. Nehmen wir einmal an, daß die Beweise, die die Physik für ihre Behauptungen beibringt, wirklich Beweise wären, die Leute jedenfalls, die sich so energisch weigern, an Wunder zu glauben, haben sich niemals von diesen Beweisen überzeugt. Außerdem sorgen die Physiker selber dafür, daß die Beweise nicht allzuviel Kraft behalten. Stellt sich doch immer wieder heraus, daß irgend etwas, was die Physik für feststehend angenommen hatte, durchaus nicht feststand und bei dem Versuche, es erneut zu beweisen, vollkommen sich in Brüche auflöste.

Wenn ich mir die Freiheit nehme, an die Wunder zu glauben, die die Zauberer vollbringen, hat niemand das Recht, mich deswegen zu verlachen. Der Glaube der anderen an die Physik ist um nichts besser fundiert als mein Glaube an die Wunder. Die Geschichte der Wunder ist uralt und steckt voller tiefer Geheimnisse. Sie haben ihre Gültigkeit über

Jahrtausende hin bewahrt, während die Geschichte der Physik, noch keine fünfhundert Jahre alt, eine Geschichte voller Irrtümer ist, die in schöner Regelmäßigkeit durch immer neue von Nobelpreisen gekrönte Irrtümer abgelöst werden.

Die Zauberer werden von diesen Ausführungen nicht entzückt sein. Leben sie doch gerade von dem Glauben der Leute an die Physik. Das ist's, was das Zauberkunststück so aufregend macht, daß man nach einer physikalischen Erklärung sucht, die man nicht findet. Die Verblüffung ist jedesmal gelungen, wenn das, was geschieht, im offenen Widerspruch zur Physik steht. Ich, der ich an Physik nicht glaube, bin so leicht nicht zu verblüffen. Freilich setzt es mich in Erstaunen, wenn eine Piquedame aus dem Kartenspiel verschwindet. Aber es setzt mich nicht mehr in Erstaunen, als wenn des Zauberers eigene Braut verschwindet.

Denen, die an meinem Verstand zweifeln, sei gesagt, daß auch mein Glaube an Wunder seine Grenzen hat. Wenn der Chronist mit zwei Zauberern Skat spielt, würde er das Verschwinden einer Piquedame und ihr Wiederauftauchen als Herzdame nicht als Wunder hinnehmen. In diesem Falle würde er seine Zurückhaltung aufgeben und den Gesetzen der Physik eine gewisse Gültigkeit zusprechen.

Während in München die Zauberer einander durch ihre Tricks in Verblüffung setzen, tagen in einer anderen großen Stadt die Astrologen, die Männer, die das Schicksal aus den Sternen deuten.

Die Astronomie befindet sich der Astrologie gegenüber in einer anderen Lage als die Physik der Zauberei gegenüber. Während die Zauberer sich immer noch ein magisches Mäntelchen umhängen und alles daran setzen, daß man ihnen mit wissenschaftlichen Erklärungen nicht beikommt, machen es die Astrologen genau umgekehrt. Ihr ganzer Ehrgeiz geht dahin, daß man sie nicht als Magier betrachtet. Das Ziel ihres Strebens ist, aus der Astrologie eine Wissenschaft zu machen. Dabei haben sie leider das zurückgestellt, was ihrer Tätigkeit seinen schönsten Reiz gab – die Erforschung der Zukunft. Man betrachtet die Horoskope nicht so sehr als die Uhren, von denen man die glücklichen Stunden von morgen ablesen kann, sondern als die Uhren, von denen man die traurigen Stunden von gestern abliest. Astrologie ist zur Charakterkunde geworden.

Die Wissenschaft als Ganzes wird kaum etwas dagegen haben, daß man diese Form der Astrologie eine Wissenschaft nennt. Wie es Forscher gibt, die Bakterien auf unserer Haut als die nächsten Teile unserer Umwelt erforschen, muß es natürlich auch Forscher geben, die die fernsten Teile unserer Umwelt in ihrem Bezug auf uns unters Teleskop nehmen.

Mögen Sie, geneigte Leserin, noch so eng neben mir auf dem Kanapee sitzen, so ist doch Ihre Stellung im Universum etwas verschieden von der meinen. Die Differenz einer einzigen Winkelsekunde auf dem Kanapee macht in der Gegend der Venus schon ein paar hübsche Tagesmärsche aus und in der Gegend der Plejaden schon ein halbes Lichtjahr. Sie begreifen, wie das auf die Dauer den Flirt erschweren muß.

Die Astrologen berechnen solche Schwierigkeiten

genau. Wenn sie sich tief und lange in ein Horoskop versenken, liegt des Menschen Charakter offen vor ihnen. Das ist ein bewundernswertes Ergebnis.

Auf diese Weise ist etwas Außerordentliches erreicht, nämlich daß ein Mensch etwas von einem anderen erfährt. Dieses Ergebnis der Astrologie ist um so bewundernswerter, als hier auf eine umständliche, mühsame und feinsinnige Weise eine Einsicht gewonnen wird, die ein erfahrener Hotelportier in weniger als einer Sekunde herbeizaubert.

Ein Hauch von Glanz

Daß Frauen gerne hübsch aussehen wollen, halten wir für eine ihrer reizenden Launen. Aber wir sollten mit dem, was wir über Frauen denken, vorsichtig sein, mindestens so vorsichtig wie mit dem, was wir für sie fühlen.

Die Sache geht uns alle an. Wenn sie uns dabei mehr zu Herzen als zu Hirne geht, hat das seinen Grund darin, daß wir entgegenkommend sind. Wenn die Frauen auch von uns verlangen, daß wir ein Hirn haben, erwarten sie doch mit ebensoviel Selbstverständlichkeit, daß wir ihnen gegenüber davon keinen zu umfassenden Gebrauch machen. Ein Mann von Geschmack muß seinen Verstand ebenso sorgfältig zu verbergen trachten, wie eine Frau von Geschmack ihre Gefühle bis zum letzten Augenblick geheimzuhalten weiß.

Jeder Mann von einiger Erfahrung wird zugeben,

wie schwierig es ist, gerade darüber Erfahrungen zu gewinnen. Die Sache wäre nicht so schwierig, wenn wir uns darauf verlassen könnten, daß die Frauen ihre Gefühle immer verbergen. Aber zuweilen sagen sie geradeheraus, was sie im Inneren bewegt. Diese Augenblicke erkennt man niemals rechtzeitig und in ihrer vollen Bedeutung. Kommt einem endlich die Erleuchtung, ist alles schon zu spät.

Es gibt die von uns allen ohne Einschränkung bewunderte Erscheinung des Frauenkenners. Das ist der Mann, der in der Seele der Frau liest wie in einem offenen Buch. Merkwürdigerweise erfreut sich dieser von Männern so bewunderte Mann bei den Frauen keiner großen Beliebtheit. Fest steht, daß seine Ratschläge meist zu dem entgegengesetzten Ergebnis führen als dem, zu dem sie führen sollten. Manchmal freilich führen sie zum gewünschten Resultat. So sieht man sich bei den Ratschlägen der Frauenkenner immer in der verzweifelten Lage, nicht zu wissen, ob man sie genau befolgen oder das genaue Gegenteil davon tun soll.

Fest steht weiterhin, daß, wenn man in der Liebe alles ganz richtig gemacht hat, man es falsch gemacht hat. Aber wenn man alles falsch macht, dann hat man es auch nicht richtig gemacht. Die erfolgreiche Mischung von überlegener Erfahrung und Dußligkeit, die Verstand und Herz einer Frau in gleicher Weise erfreuen, findet man selten heraus. So befinden wir uns meistens nicht in der Lage von Frauenkennern, die ihrer Sache sicher sind, sondern in der Lage jenes Mannes, der auf die Frage, ob er in seiner Erkenntnis über das Wesen der Frauen weitergekommen sei, die klassisch schöne Antwort gab: „Noch zwei Jahre Erfahrung, und ich kenn' mich überhaupt nimmer aus!"

Die Laune der Frauen, die den Chronisten zu dieser kleinen Perlenkette von Stoßseufzern veranlassen, ist die Laune, seidene Strümpfe zu tragen. Die Jahresbilanz des englischen Handelsamtes ergibt, daß die Frauen in England im letzten Jahr für über dreihundertsechzig Millionen Mark seidene Strümpfe getragen haben. Das heißt, englische Frauen sind bereit, jeden Tag eine Million auszugeben für einen Hauch von Glanz. Auch wenn die Männer diese Million natürlich verdienen müssen, wäre es undankbar von ihnen, nicht entzückt zu sein. Es läßt sich nicht leugnen, daß die Männer an dem Umsatz in seidenen Strümpfen täglich eine Million verdienen. Der Anblick des Glanzes ist sozusagen geschenkt.

Ein ernster, moralischer Mann hat angesichts der dreihundertsechzig Millionen die Frage gestellt, was denn die Frauen mit diesem Geld früher gemacht haben, als sie noch mit vier Paar wollenen Strümpfen im Jahre auskommen mußten. Diese Frage kann man dem guten Manne leicht beantworten. Sie haben nichts mit diesem Gelde angefangen. Sie haben es gar nicht in die Hand bekommen. Woher hätten die Männer es auch nehmen sollen, da sie dazumal noch keinen Pfennig an dem ausgezeichneten Geschäft mit der Laufmasche im Glanz der seidenen Strümpfe verdienten.

An der kapriziösen Laune einer schönen Frau kann ein Mann leicht zu Grunde gehen. Auf diesem

202

Grunde findet der Anker der Erfahrung guten Halt. In unserem Falle haben die Männer es vorgezogen, aus einer Laune eine Weltindustrie aufzubauen. Sie sind dabei nicht schlecht gefahren. Daß dadurch ein wenig Glanz in die Welt gekommen ist, braucht den Moralisten nicht zu beunruhigen. Es ist dafür gesorgt, daß die Beine nicht in den Himmel wachsen, auch wenn sie seidenbestrumpft sind. Nur schöne Beine werden durch Seide schöner, häßliche aber häßlicher. Man sollte nicht klagen, daß deshalb die Welt ungerecht wäre.

Wenn das Häßliche sich durch simple Tricks in Schönheit verwandeln ließe, würde Schönheit etwas so Gewöhnliches werden, daß sie uns kein Vergnügen bereiten könnte. Die Häßlichkeit ist in der Welt glücklicherweise so verbreitet, daß sie uns nicht mehr erschreckt. Freilich sollten wir die kapriziösen Launen der Frauen immerdar sorgfältig unter Beobachtung halten. Wie leicht können daraus neue Weltindustrien entstehen.

Sprichwörter

Oft genug schon haben wir gehört, daß irgendwo die Leute so eng in einem Haufen beieinander standen, daß kein Apfel mehr zur Erde konnte. Geriet man selber mit einer Tüte Äpfel ins Gedränge, wurde die Tüte zerrissen. Die Äpfelchen entrollten nach allen Seiten. Entweder macht man da ein hochmütiges Gesicht und tut so, als ob die Äpfel einen nichts angingen. Oder man kriecht auf der Erde herum und sucht sie zwischen den Beinen seiner Mitmenschen wieder zusammen. Die Mitmenschen lachen dazu, aber keiner erkennt, daß es nie so eng ist, daß nicht noch ein Apfel zur Erde könnte.

Tatsächlich geht zuweilen auch ein Kamel durch ein Nadelöhr. Das „Nadelöhr" – so hieß an den Toren von Jerusalem ein kleiner Nebeneingang, der noch offengehalten wurde, wenn die Tore schon geschlossen waren. Wenn es ein sehr kleines Kamel war, ging es zur Not auch einmal durch ein Nadelöhr. So bleibt für Leute mittleren Wohlstandes wenigstens eine kleine Hoffnung, daß auch sie noch die ewige Seligkeit erreichen können.

In diesen Tagen hat Bill Moran in Chikago uns bewiesen, daß nichts leichter zu finden ist als eine Nadel im Heuhaufen. Er schloß darüber eine Wette ab. Nachdem die Nadel feierlich in den Heuhaufen versenkt worden war, fing er an, sie zu suchen. Er hätte sich dabei auf sein Glück verlassen können. Vielleicht hätte er die Nadel nach fünf Minuten gefunden. Die Leute hätten gesagt, Billy habe eben Glück. Aber Billy kam es nicht darauf an, den Leuten sein Glück zu beweisen. Er wollte ihnen zeigen, daß sein kluges Köpfchen imstande sei, jede Wette zu gewinnen.

So nahm er einen Halm nach dem anderen von seinem Heuhaufen weg und legte ihn daneben. Nach knapp sechsunddreißig Stunden lag die Nadel auf der einen, der Heuhaufen auf der anderen Seite.

Wenn die Nadel an einem Ende einen genügend großen Brillanten hat, lohnt es sich, eine ganze

Scheune auf diese mathematische Weise zu bearbeiten. Aber auch wenn es eine ganz gewöhnliche Stecknadel ist, sollten wir immer gehen, sie zu suchen. Beim Halmsortieren kommen einem Einsichten, die mehr wert sind als alle Brillanten dieser Erde. Ohne Zweifel – Morgenstunde hat Gold im Munde, aber leider – zu keiner Stunde schläft sich's besser. Wer den Pfennig nicht ehrt, ist des Thalers nicht wert. Aber die, die seiner nicht wert sind, haben ihn gewöhnlich. Der Weg zur Hölle ist mit guten Vorsätzen gepflastert. Wie angenehm geht sich's auf diesem Wege. Und führt der Weg, der mit schlechten Vorsätzen gepflastert ist, etwa nicht zur Hölle? Mit was mag der Weg zum Himmel gepflastert sein? Kein Sprichwort belehrt uns darüber.

Sprichwörter gehen zwölf auf ein Dutzend. Gebranntes Kind scheut das Feuer. Aber wenn die Kinder groß sind, spielen sie mit nichts lieber als mit dem Feuer. Sie verbrennen sich bei jeder Gelegenheit den Mund. Sie verbrennen sich bei jeder Gelegenheit die Finger, jeder ein Mucius Scaevola mit den Brandblasen der Erfahrung in der schwieligen Faust. Man soll sein Licht nicht unter den Scheffel stellen. Aber wenn man es auf den Scheffel stellt, kommt Hochmut vor dem Fall. Nichts wird darüber gesagt, wohin man nach dem Hochmut fällt. Vielleicht ins gemachte Bett. Bleiben wir darin liegen und denken wir noch ein wenig nach!

Ich habe den Elephanten einmal gefragt, warum er so gerne im Porzellanladen herumtrample. Er gestand mir, daß ihm das gar keinen Spaß mache, weil er sich dabei doch manchmal verletze. Er tue das nur, weil die Leute das von ihm erwarteten. Auch der Wolf trüge den Schafspelz nur ungern. Der Pelz sei vollständig verlaust.

Wenn der Krug dreihundert Jahre zum Brunnen gegangen ist, ohne zu brechen, kauft ihn der Händler als Antiquität. Dann kommt der Krug in eine luxuriöse Villa auf einen Mahagonibord und ist tausend Mark wert. Selbst aus den Scherben, die Der zerbrochene Krug verstreute, entstand noch ein großartiges Lustspiel.

Gute Taten lohnen sich. Aber wie ist's, wenn man sich selbst eine gute Tat antut? Hört sie dann nicht auf, eine solche zu sein? Aber schließlich, ist man nicht selbst auch ein Mensch? Der Weg zum Himmel ist mit guten Taten gepflastert. Wie könnte man es wagen, ein einziges Geschöpf von seinen guten Taten auszunehmen?

Jeder sein eigener Wohltäter auf dem Weg zum Himmel! Ewig währt am längsten!

Tragödie in drei Minuten

Madame Monika, die schöne Pianistin, saß hinter der Glasscheibe. Sie mußte niesen. Da sie ihr Taschentuch nicht finden konnte, schlug sie ihre weißen Hände vors Gesicht. Wie wunderbar schön waren diese Hände! Mir schien, es könne auf der Welt keine schöneren Hände geben. Es war ein bezauberndes Bild. Der Eindruck war um so hinreißender, als man von dem ganzen Vorgang nicht den leisesten Laut vernahm. Nur das Band surrte. Dann hantierte der Techniker am Schalttisch ein bißchen an den Knöpfen herum. Auf einmal ertönte laut das Niesen der großen Künstlerin, während sie selbst, hinter der Scheibe, ganz still vor dem Flügel auf ihrem Schemelchen hockte. Sie nämlich konnte ihr eigenes Niesen nicht vernehmen. Man gewann einen tiefen und nachhaltigen Eindruck von den surrealistischen Möglichkeiten der modernen Welt.

Der Techniker war ein netter Kerl. Ich gab ihm eine Zigarette. Daraufhin ließ er noch dreimal das hinreißende Niesen erschallen. Dann schnitt ich mir das himmlische Geräusch mit meiner Nagelschere aus dem Band heraus. Von da an trug ich diese kostbaren zwanzig Zentimeter der Erinnerung stets bei mir. Ganz gleichgültig, was die wunderschöne Frau mit den wunderschönen Händen nun gerade machte, ich konnte sie niesen lassen, wann immer ich wollte. Nachdem ich zwei Stunden lang ergriffen Mendelssohn, Ravel und Poulainc gehört hatte, wurde mir klar, daß irgend etwas nicht stimmte. Sonst vertrage ich höchstens Schlager. Offenbar befand ich mich in Gefahr. Ich entdeckte, daß ich der wunderschönen Frau zwei Stunden lang durchaus nicht zugehört, sondern zugesehen hatte.

Danach sprach sie einige charmante Worte mit dem berühmten Dirigenten, der die Aufnahme geleitet hatte. Mich, leider, sah sie gar nicht. Offenbar nahm sie an, ich hätte auch zugehört – ein nur allzu begreiflicher Irrtum. Wenn sie gewußt hätte, daß ich gar nicht zugehört hatte, zwei Stunden lang, vielleicht hätte die große Künstlerin mir zugelächelt.

Wer weiß! Frauen, die ein Herz haben, verstehen so mancherlei Dinge. Der Dirigent, der mein Freund ist, versicherte mir hinterher, sie habe den Ravel – die Suite in es-Moll – mit Herz gespielt.

Abends, auf dem Ball, saß ich still in einer Ecke hinter einem großen Glase Wodka, unleugbar eine fragwürdige Figur. Zwischen dem markanten Profil des berühmten Dirigenten, meines Freundes, und der eindrucksvoll gebuckelten Glatze des bedeutenden Musikkritikers schwebte, wie von Renoir gemalt, Madame Monikas wundervoller Kopf. Renoir hatte ihr einen Champagnerkelch in die weiße Hand gemalt. Une impression parfaitement accomplie! Ich überlegte. Derartige Überlegungen fangen damit an, daß man sich selbst „Alter Esel" apostrophiert. Dies ist weniger eine Einsicht als eine List. Eine Dummheit zu begehen heißt, eine Weisheit lassen. Angesichts einer haarsträubenden Dummheit, welche zu begehen man entschlossen ist, erspart man sich, durch einen „Alten Esel" vorher, hinterher die beklagenswerte Feststellung, daß man nicht einmal gewußt habe, daß es eine haarsträubende Dummheit war.

Während dieser feinsinnigen Überlegungen setzte sich, ebenfalls mit einem großen Glas Wodka bewaffnet, Brüderchen Gregor Iwanowitsch stumm neben mich. Der Heilige Gregor mag an seiner Wiege gestanden haben. Offenbar aber hat er sich dann ziemlich bald empfohlen. Er mag anderes zu tun gehabt haben. So war liebes Brüderchen Gregor Iwanowitsch im Lauf seines Lebens eine mindestens ebenso fragwürdige Figur geworden wie ich. Brüderchen Gregor Iwanowitsch folgte meinem Blick. Als er die „impression parfaitement accomplie" entdeckte, war es in einem Augenblick auch um ihn geschehen. Auch er liebt Renoir. Man mag gegen uns sagen, was man will, Geschmack haben wir immer beide gehabt.

Sogleich versank Brüderchen Gregor Iwanowitsch aus seiner Stummheit noch eine Stufe tiefer in dumpfes Brüten. Ich kenne Gregor Iwanowitsch lange genug, um versichern zu können, daß es der „Alte Esel" war, mit dem er sein dumpfes Brüten begann. So saßen wir nebeneinander, während Monika, nichtsahnend, mit ihrer wunderschönen weißen Hand den Champagner in den Renoir hineingoß – gar nicht wenig übrigens!

Sollen wir oder sollen wir nicht? Der alte Unsinn! Und dann wieder am Bahnhof stehen, verzweifelt, mit heiterer Miene und teuren Blumen. Und auf Briefe warten, welche immer seltener kommen. Und hinter den Konzerten herreisen – für ein Lächeln! Und schließlich zusehen, wie entweder der berühmte Dirigent oder der bedeutende Musikkritiker das Rennen macht. Wie viele Wodka das dann wieder kostet!

Bei diesem Punkte unseres Nachdenkens angekommen, griffen wir beide gleichzeitig zu unseren Gläsern, sahen uns ins Auge, wie nur zwei fragwürdige Figuren einander ins Auge sehen können, und sagten gleichzeitig:

„Brüderchen – lassen wir!"

Dann verließ mich Gregor Iwanowitsch, wie seinerzeit der Heilige Gregor seine Wiege verlassen hatte.

Eine Minute später sah sich der große Dirigent nach mir um. Als er mich so allein dasitzen sah, winkte er mich heran. Er schenkte mir Champagner ein. Ich begann die schöne Frau zu bewundern. Sie schoß einen Blick auf mich ab und faßte die fragwürdige Figur ins Auge. Himmel! Es gab so überraschende Dinge in der Liebe. Vielleicht hatte gerade diese schöne Frau ein Faible für fragwürdige Figuren.

Als sie nunmehr dem bedeutenden Musikkritiker eine witzige Bemerkung zuwarf wie einen silbernen Ball und dabei den zweiten Blick auf die fragwürdige Figur abschoß, hatte ich einen jener Augenblicke, in denen man bereit ist, vom Eiffelturm herabzuspringen. Ich fing den silbernen Ball in der Luft auf. Ein geistreicher Einfall blitzte durch mein Hirn. Sie sah mich an, gespannt wie Artemis, die einen Vogel im Fluge schießen will.

In diesem Augenblick legte sich eine Hand auf meine Schulter. Ich sah auf. Gregor Iwanowitsch!

Traurig, mit einem Oblomowblick von abgrundtiefer Melancholie, sah er mich an.

„Brüderchen, Du hast mich verraten . . .!"

Niemals hat die schöne Frau erfahren, was Gregor Iwanowitsch damit sagen wollte. Niemals hat sie erfahren, was die fragwürdige Figur für eine brillante Bemerkung eben hatte machen wollen. Ich ließ den silbernen Ball fallen. Er zersprang am Boden in silberne Sterne. Ich erhob mich. Ich trank den Champagner aus. Ich warf einen letzten Blick auf die impression parfaitement accomplie. Renoir ist wahrlich ein großer Meister. Dann bin ich in den Garten gegangen und habe mich erschossen.

Am Rande des Nachdenkens

Gruß aus dem Jenseits

Es gibt nicht nur eine Poesie des Lebens. Es gibt auch eine Poesie des Todes. Beide werden in unserem Jahrhundert nur ungenügend gepflegt.

Fischer haben vor einiger Zeit in der Nähe von Tsushima, wo im Jahre 1904 die russische Kriegsflotte von den Japanern versenkt wurde, einen Haifisch gefangen, in dessen Bauch man eine Flaschenpost fand. Es war die letzte Nachricht eines Fliegeroffiziers, der abgestürzt war. Er trieb vier Tage auf einer Tragfläche, bevor das Wasser ihn verschlang. Vier Tage lang hatte er Zeit, über die letzte Nachricht nachzudenken, die die Welt von ihm erhalten sollte. Mag seine Lage beklagenswert gewesen sein, eine große und einzigartige Möglichkeit wurde ihm geboten.

Mit Kummer stellen wir fest, daß dieser Mann

sich der Lage in nur unzureichender Weise gewachsen gezeigt hat. Er hinterließ eine Nachricht an seinen Bruder in Kyoto, daß er ein gewisses Fräulein Fukui nicht heiraten solle, weil er mit ihr nicht glücklich werden würde. Selbst wenn man annehmen will, daß die Jahre seine Befürchtungen schon bestätigt haben, hat er doch eine unvollkommene Vorausschau gezeigt. Er hat nicht bedacht, daß die Flaschenpost vielleicht erst nach Jahren an ihr Ziel gelangen könnte. Nichts Schlimmeres kann einem Menschen passieren, als ein Unglück richtig vorausgesagt zu haben. Nur Propheten und Hexen wagen das. Aus einem schlechten und naiven Gefühl heraus hat die Menschheit von jeher Propheten gesteinigt und Hexen mit Vorliebe verbrannt.

Hat aber der gute Mann mit seiner Warnung unrecht behalten, begeht er noch Jahre nach seinem Tode eine Taktlosigkeit, derentwegen er sich nicht einmal entschuldigen kann. Wie viele Menschen würden ähnliche Verkehrtheiten begehen, wenn sie in die Lage dieses Fliegerleutnants kämen! Die Leute beschäftigen sich viel zu wenig mit der Poesie des Todes. Sagen Sie aufrichtig, lieber Leser – wüßten Sie, was Sie in eine Flaschenpost schrieben, die Sie, auf einem Floß treibend, angesichts des sicheren Todes aufzugeben noch eine letzte großartige Gelegenheit hätten?

Huschen Sie nicht leichtfertig über diese Frage hinweg. Legen Sie sich auf das Kanapee, lassen Sie die Welt um sich versinken und das Meer um sich aufsteigen, und überlegen Sie sich Ihre Flaschenpost. Fühlen Sie sich etwa nicht imstande, sich selbst zu beweisen, daß Sie Ihrer unsterblichen Seele würdig sind? Es steht bedrohlich um Sie! Der Tod wird Sie überraschen, und Sie werden ihm weder durch ein Bonmot ein Lächeln, noch durch ein frommes Gebet sein Mitgefühl, noch durch eine erhabene Bemerkung seine seltene Hochachtung abnötigen.

Der mangelnde Sinn für die Poesie des Todes verhindert die Leute auch, rechtzeitig über ihre Grabinschriften nachzudenken. Ein paar hundert Jahre werden Sie unter einem Stein schlummern, an dem täglich Andächtige vorübergehen, die bereit sind, noch immer auf Ihr Wort zu hören. Was haben Sie ihnen zu sagen? Graf Feodor Wassiliewitsch Rostoptschin, Gouverneur von Moskau, der die Fackel schwang, die über Napoleons Untergang leuchtete, ließ auf seinen Grabstein im Park seines Schlosses die Worte setzen:

„Hier hofft zu ruhen ein verstorbener alter Mann,
dessen Körper und Geist völlig erschöpft waren.
Meine Damen und Herren, bitte spazieren Sie
weiter!"

Nach hundert Jahren noch spricht aus dem Stein die Stimme eines Kavaliers des Ancien régime, der zu höflich war, seinen eigenen Tod wichtig zu nehmen. Auf dem Friedhof eines Dorfes in der Oberlausitz findet sich auf dem Grabe eines nur sechs Jahre alt gewordenen Knaben die von echter Frömmigkeit diktierte Inschrift:

„Hier ruht das kleine Öchselein,
des großen Ochsen Söhnelein.
Der liebe Gott hat's nicht gewollt,
daß es ein Ochse werden sollt."

Wilhelm Busch fordert seine Leser auf, wenn sie an seiner letzten Stätte stehen, die Grabschrift selbst zu schreiben:

„Stehst du einst an meinem Grabe
Und bist meiner Asche nah,
Schreibe schweigend in den Sand:
Diesen hab' ich auch gekannt!"

Eine der allerreizendsten, weil liebenswürdigsten Inschriften findet sich auf dem Grabstein einer Cora auf dem Père Lachaise:

„Ci gît dans une paix profonde
Cette dame de volupté
Qui, pour plus grande sûreté
Fit son paradis de ce monde."

Denken wir nach über Flaschenposten, die würdig sind, von der Welt gehört zu werden. Ersinnen wir Testamente, die fähig sind, ganze Familien aus den Angeln zu heben. Erfinden wir Grabinschriften, die souverän genug sind, nach Jahrhunderten noch bewundert oder belacht zu werden!

Via Appia des Fortschritts

Der Technik ist ihrer Natur nach ein ununterbrochener Fortschritt beschieden. Die Techniker, die nur nach vorwärts schauen, sind darauf nicht wenig stolz. Die Gegenstände der Technik dagegen bewegen sich in der umgekehrten Richtung. Jeder technische Gegenstand, der fertig ist, beginnt am Tage seiner Vollendung unmodern zu werden. Der Philosoph, der rückwärts schaut, stellt fest, daß sogar die Technik einen Rhythmus hat.

Die Straße, auf der die Technik dahinschreitet, ist eine Via Appia der Überholtheiten. An ihrem Rande stehen die grotesken Denkmäler der Unmodernität. Da stehen alte Eisschränke, in die man oben Eis hineinwirft, damit unten Kälte herauskommt. Da liegen Telephone mit Kurbeln daran. Da liegen Detektorapparate, Kohlenfadenlampen, Handfeuerspritzen, Gaslaternen, Nähmaschinen, Dampfwalzen, Doppeldecker und Druckpressen – Grabmäler der Triumphe von gestern.

Man möchte die armen Gegenstände bedauern, die, vor kurzem noch so gefeiert, heute so verachtet sind. Man möchte die armen Techniker bedauern, die nur für die Lächerlichkeit von morgen zu arbeiten scheinen. Aber eines schönen Tages, wenn der Fortschritt auf seiner rasanten Fahrt schon hinter dem Horizont verschwunden ist, geht über der Via Appia eine neue Sonne auf. Ein stiller Mann mit Brille wandert die einsame Straße entlang und betrachtet die verlassenen Gegenstände mit versonnenem Auge. Längst schon ist niemand mehr da, der sie verachtet. Die Gegenstände haben aufgehört, unmodern zu sein. Sie haben angefangen, alt zu werden. Der stille Mann hebt den Zauberstab in seiner Hand. Neuer Glanz fällt auf das Alte. Der Zauberstab ist ein gut gefüllter Fountain Pen. Der stille Mann ist ein Schreiber der Gedichte, der aus den Lächerlichkeiten von gestern die Erhabenheiten von vorgestern macht. Unter dem milden Blick seines historischen Auges drängen sich die Schatten der Erfinder hinter den alten Gegenständen. Der stille Mann zeichnet ihre Taten und Leiden auf und verwandelt den Mangel an up to date in Nachruhm. Im Spiegel seiner Brille haben die großen Irrtümer den gleichen Wert wie die großen Wahrheiten.

Der Fortschritt wird den stillen Mann niemals zu Gesicht bekommen. Es erfüllt den Philosophen mit Befriedigung, daß auch die Straße des Fortschritts ihre Schönheiten hat, wenn man sie besinnlich und in umgekehrter Richtung entlangschreitet.

Schlamm, Dreck und Schmutz

Ein sauberes Thema, möchte man sagen. Aber der Chronist ist da nur das Opfer des Hochmuts der Philosophie. Zwar löst sie uns die ewigen Welträtsel, aber die Schuhe müssen wir uns täglich selber putzen. Jeden Abend, wenn wir sie ausziehen, hängt eines von den dreien an denselben. In jeder philosophischen Lehre finden wir Anweisungen, wie wir uns zu verhalten haben. Aber Sterne gehören nicht anders zur Schöpfung als die Pfütze, in der sie sich spiegeln. Dreck, natürlich, ist dreckig. Schmutz ist schmutzig. Schlamm ist schlammig. Aber schon der Schlamm kann schmutzig, dreckig oder sauber sein. In Schlamm kann man baden. Im Dreck kann man nur sich wälzen. Im Schmutz kann man nur verkommen. Welche Möglichkeiten!

Wohlbekannt ist das alte Dreckschwein. Von einem alten Schmutzschwein hat man noch nie etwas gehört. Das alte Schlammschwein gar wäre der ehrwürdige Patriarch einer zahlreichen Familie jüngerer Schlammschweine, einfach eine Kategorie der Zoologie, frei von moralischem Beigeschmack wie der Schlammolch, dessen merkwürdige Lebensgewohnheiten zu untersuchen eine so dankbare Aufgabe der wissenschaftlichen Forschung wäre.

Jahrtausende lang haben die Menschen geglaubt, daß Gott die Welt erschaffen habe. Er, der Allmächtige, konnte sie aus dem Nichts erschaffen. Als die Menschen aufhörten, das zu glauben, mußte die Welt aus irgend etwas entstanden sein. So erfanden die Gelehrten die Theorie des Urschlamms. Es ist aufschlußreich für die Geschichte des menschlichen Geistes, wie weit sich diese Lehre verbreiten konnte. Die meisten Menschen zogen es vor, statt von Gott erschaffen, aus dem Urschlamm entstanden zu sein. Immerhin muß, zum Ruhme des Menschen, gesagt werden, daß niemals einer aufgestanden ist zu behaupten, die Welt wäre aus Urdreck entstanden, obgleich doch diese Annahme in einer gottlosen Welt manches für sich hätte. Die Welt ist möglicherweise aus Schlamm entstanden, aber sicher nicht aus Dreck oder Schmutz.

Der Schlamm hat eine Eigenschaft, die ihn in grundlegender Weise von Dreck und Schmutz unterscheidet. An Dreck kann der Mensch sich gewöhnen. Auch an Schmutz, leider, kann er sich gewöhnen. An Schlamm gewöhnt er sich nie. Diese Tatsache ist von einem ungeheuren Einfluß auf die Geschichte der Menschheit gewesen. Wenn der Urmensch, der im Urschlamm saß, sich an den

Schlamm hätte gewöhnen können, hätte überhaupt niemals eine Geschichte der Menschheit stattgefunden. Wir säßen heute noch darin wie die Molche. Es gäbe nicht einmal irgend jemanden, der unsere merkwürdigen Lebensgewohnheiten zum Gegenstand der Forschung machen könnte.

Dreck erzeugt im Menschen eine erhabene Gleichgültigkeit. Schmutz erzeugt Resignation. Schlamm erzeugt Zorn. Wenn auch die Welt nicht aus Schlamm entstanden ist, aus Schlamm jedenfalls ist der schöpferische Zorn des Menschen entstanden. Ewig diese Klumpen Lehm an den Beinen, ewig dieses glucksende Geräusch, mit dem die Klumpen herausgezogen werden müssen, eine höhnische Pfütze hinter sich lassend, Schritt um Schritt! O stellen wir ihn uns vor, diesen edlen Urmenschen, wie er zur Quelle stapft, Lehmfuß vor Lehmfuß setzend, wie er lang hinschlägt und nun Klumpen auch noch an den Händen hat. Tiefste Verzweiflung packt ihn. Er liegt im Schlamm und weint die bittersten Tränen, die es gibt, die Tränen hilfloser Wut. Denn wer hilft ihm?

Er wischt sich grimmig die Tränen ab, und nun hat er den Schlamm auch noch im Gesicht! Aber ist er nicht ein Mensch?

Es packt ihn der heilige Zorn. Er geht hin, fest Lehmfuß vor Lehmfuß setzend, und baut einen Knüppeldamm von der Höhle zur Quelle. Dieser Knüppeldamm ist die Straße der Menschheit geworden, auf der sie die Landschaft des Urschlamms verlassen hat ihren großen Zielen entgegen.

Der edle Zorn dieses Urmenschen, der den ersten

Knüppeldamm baute, möge allen zum Troste dienen, die irgendwann und irgendwo gegen Schlamm zu kämpfen haben. Es ist der älteste Kampf der Menschheit. Während der Kampf gegen Dreck mit dem Besen und der Kampf gegen Schmutz mit Seife geführt wird, der Kampf gegen den Schlamm wird mit heiligem Zorn ausgefochten. Während Dreck immer wiederkehrt und Schmutz nie ganz zu entfernen ist, Schlamm wird durch den Knüppeldamm besiegt. Leichten, lehmfreien Fußes schreitet der Sieger über die geschlagenen Molche der Unterwelt dahin. Wenige Dinge auf der Welt können dem Menschen ein solches Hochgefühl vermitteln wie der Gang über einen Knüppeldamm, den er sich selber gebaut hat.

Respekt vor Albernheiten!

Das Leben setzt sich ebensosehr aus schweren wie aus leichten Dingen zusammen. Der Plan der Schöpfung hat Traurigkeit und Heiterkeit in gleicher Weise vorgesehen. Freilich steht die Traurigkeit höher im Kurs als die Heiterkeit. Ein ernster Mensch pflegt gemeinhin für bedeutender und tiefer zu gelten als ein heiterer. In der Tat ist Optimismus von einer gewissen albernen Oberflächlichkeit. Aber ein Mann, der am Rande seines Grabes zu lächeln versteht, darf eher auf allgemeine Hochachtung rechnen als einer, der nur tränenden Auges und widerwillig sich in die nun einmal unvermeidlichen

Notwendigkeiten des irdischen Daseins schickt, deren vornehmste der Tod ist.

Die wenigen weisen Männer, die die Menschheit hervorgebracht hat, haben mit dem Tod auf vertrautem Fuße gestanden. Von den Dingen des Lebens den richtigen Aspekt zu bekommen, ist kaum möglich, wenn man sie nicht auf ihre Dauer, das heißt auf ihre Vergänglichkeit hin betrachtet. Die Marginalien des Sueton beweisen uns die Souveränität des menschlichen Geistes ebensosehr wie die Bemerkung jenes Privatdozenten der Logik, der den Vorschlag seiner Frau, ein neues Tischtuch zu beschaffen, mit der Bemerkung ablehnte: „Liebe Maria, das lohnt sich doch nicht mehr!"

Bedeutende Federn setzten sich in Menge in Bewegung, die großen Ereignisse des Jahres einer gebührenden Würdigung zu unterziehen. Der Chronist hat nur einen bescheidenen Gänsekiel. Er ist der Historiker der Alltäglichkeit. So würde er nur einen Irrtum begehen, wenn er das Nichtalltägliche durch die Tinte zöge. Dafür darf er sich rühmen, daß er sich mit seiner völligen Abstinenz im Hinblick auf das tragische Pathos wenigstens in der besten Gesellschaft befindet, in der Gesellschaft des schlichten Mannes aus dem Volke.

Der gewöhnliche Mensch, homo urbanus communis, verhält sich dem Wechsel der Zeiten gegenüber in einer überaus seltsamen Weise. Es wäre allerdings oberflächlich, aus den bezaubernden Albernheiten, die zum Beispiel am Tage des heiligen Sylvester landauf, landab getrieben werden, schließen zu wollen, daß es die Albernheit des Optimismus wäre, die

220

das Hirn des Menschen verneble. Tatsächlich ist es eine Art von tragischer Heiterkeit, die ernste Männer veranlaßt, sich Gummi auf die Nase zu kleben und wohlgenährte Matronen unter Bevorzugung des Halsausschnittes mit Konfetti immer von neuem verschwenderisch zu berieseln. Seine Böllerschüsse verkünden nicht weniger als seinen Mut zu leben.

Der einfache, aber gerade Verstand des gewöhnlichen Menschen bewahrt ihn vor Illusionen. Man wird ihn nicht davon überzeugen können, daß achthundertsechsundachtzig Mark fünfzig im Monat unter die Kategorie „Erfolg im Leben" gebucht werden können. Aber der einfache Mann denkt nicht darüber nach, welche Fehler im Gefüge der menschlichen Gesellschaft nisten, daß er für all seinen Schweiß nichts erntet als eine Art von mediokrem Behagen, das an einem Minus von zehn Mark schon zerplatzt. Es ist verdienstlich, Fehler in der Konstruktion der menschlichen Gesellschaft zu finden. Aber wieviel verdienstlicher ist es, mit achthundertsechsundachtzig Mark fünfzig ein braves Weib und liebe Kinder zu ernähren.

Der einfache Mann weiß, daß sein kleines Leben immerwährend von Schicksalsschlägen bedroht ist, die aus unbekanntem Dunkel kommen. Wenn das Jahr zur Neige geht und er eine Bilanz zieht, was alles muß er unter Debet buchen! Was alles ist das Schicksal seinen kleinen Wünschen und Hoffnungen schuldig geblieben! Er braucht nicht darüber zu trauern, daß er kein Auto bekommen hat, weil er darüber traurig ist, daß er sich von seinem Hund trennen mußte. Gerne würde er auf alle Urwälder am Orinoko verzichten, wenn er nur einen Kanarienvogel sein eigen nennen dürfte.

Ohne Hund und ohne Kanarienvogel sucht er nach Treue wie nach Ferne vergebens rings an seinem Horizont. Nur des Nachbars böses Weib bellt an seiner Türe. Kolibris kann er sich nur im Traume leisten. Da freilich umgaukeln sie Orchideen.

Wenn nun dieser Mann ohne Hund und ohne Illusionen am einunddreißigsten Dezember dennoch heiter ist, kann es nicht unsere Sache sein, ihn streng zu richten und ihn wegen Unangemessenheit zu verurteilen. Vielmehr ist er der aufrichtigsten Bewunderung wert. Seine Albernheiten sind die Ausflüsse jener tragischen Heiterkeit, die Reben zieht am Hange des Vesuvs. Der Mensch bringt den Göttern seine Opfer. Er glaubt an den Himmel, den er sich selber geschaffen hat. Mag der Mensch auch sterblich sein, die Götter, denen zu opfern er sich entschlossen hat, sind unsterblich. Den Rauch, der von den Opferfeuern des Menschen zum Himmel steigt, verweht der Wind der Stunde. Seinen Glauben haben die Jahrtausende nicht zu besiegen vermocht.

Der elektrische Intellekt

Ein großer englischer Gelehrter hat eine Methode gefunden, die menschlichen Gedanken zu messen. Das menschliche Gehirn sendet ununterbrochen feinste elektrische Entladungen aus. Diesem Mann ist es gelungen, Apparate zu bauen, die so empfindlich sind, daß sie diese Entladungen zu registrieren vermögen. Wenn das Gehirn zu denken anfängt, steigert sich die Zahl der Entladungen auf zweitausend in der Sekunde. An dieser Entdeckung ist zweierlei von Bedeutung. Erstens findet man zur allgemeinen Überraschung, daß der einfache Mann diesen komplizierten Sachverhalt entweder schon erkannt oder doch zumindest geahnt hat. Seit langem schon gibt der Berliner dem Kopf seines Mitberliners mit Vorliebe die Bezeichnung „Birne". Wir wissen jetzt, daß er damit nicht eine Birne vom Baum meint, sondern eine Glühbirne.

Zweitens aber bestätigt der große englische Gelehrte, gleichsam durch einen Nebenfund, die ganze Scholastik und die unendliche wissenschaftliche Arbeit der Kirchenväter. Daß ihm das selbst nicht so richtig klargeworden ist, vermindert den Wert seiner Entdeckung keineswegs. Auch Berthold Schwarz hat das Pulver nur so nebenbei erfunden. Der englische Gelehrte ist ihm sogar noch überlegen. Berthold Schwarz suchte den Stein der Weisen und fand bloß das Pulver. Der englische Gelehrte dagegen suchte nach dem elektrischen Intellekt und fand das Gold der Erkenntnis.

Es gelang ihm mit seinen wundervollen Apparaten der Nachweis, daß es beträchtliche Teile des Gehirns gibt, die keine elektrischen Entladungen aussenden. Er zieht daraus den scharfsinnigen Schluß, daß diese Teile des Gehirns an den intellektuellen Prozessen nicht teilnehmen.

Man kann es dem Mann der Wissenschaft nicht verübeln, wenn er sich nur um die Gehirnteile kümmert, die funken, und den stummen Partien keine weitere Beachtung schenkt. Ebensowenig kann man es dem Chronisten übelnehmen, daß ihn der elektrische Intellekt kalt läßt und nur die stummen Teile ihn ansprechen. Es kann kein Zweifel darüber herrschen, daß in den nicht funkenden Gehirnteilen die menschliche Seele und die moralischen Qualitäten ihren Sitz haben. Mit Seele und Moral haben sich durch Jahrhunderte hindurch die Kirchenväter und die Scholastik wissenschaftlich befaßt. Der englische Gelehrte hat, ohne es zu wollen, die Existenz der menschlichen Seele erneut nachgewiesen. Die menschliche Seele ist das, was in keinem Apparat einen Ausschlag gibt.

Es ist tröstlich für uns zu wissen, daß unsere Seele nicht zweitausendmal in der Sekunde wie ein Zitterrochen zusammenzuckt. Ich glaube, wir dürfen uns glücklich schätzen, daß die Seele von Natur stumm ist. Nur hin und wieder lächelt sie leise. Obgleich es unendlich viel schwieriger ist, das leise Lächeln einer Seele zu registrieren als die zweitausend Zuckungen des elektrischen Intellekts, gibt es dafür doch keinen Nobelpreis. Laßt uns darüber nicht traurig sein! Üben wir uns fleißig darin, unseren Registrierapparat in Ordnung und von Fehlerquellen frei zu halten. Wenn der Intellekt zu funken anfängt, morst er meistens SOS. Wenn die stumme Seele zu reden beginnt, redet sie mit Engelszungen. Die Kanonenschüsse der Entdeckungen hallen über die Erde und verklingen bald. Die Engelszungen tönen als leise Musik der Sphären durch die Jahrhunderte hin.

Im Zeichen des Mars

Deutsche Zukunft – 17. September 1939

Der Chronist hat von jeher den geneigten Leser pfleglich behandelt. Aber wenn er in diesen bellikosen Zeiten die Feder ergreift, kommt ihm auf, daß der geneigte Leser unterdessen ein Soldat geworden sein könnte oder gar ein Held. Für Helden zu schreiben ist keine leichte Aufgabe. Immerhin erinnert sich der Chronist aus der Zeit, da er selber noch ein Held war, was für eine wahrhaft nützliche Sache eine Zeitung war.

Mit einer Zeitung konnte man Feuer machen, auch wenn das Brennholz noch so naß war. Brillante literarische Einfälle haben schon manchem Soldaten die Hände gewärmt. Noch besser ließen sich die Füße damit warmhalten. Wenn man zwischen Socke und Sohle eine Lage Zeitungspapier einschob und sich solchermaßen durch die Neuesten Nachrichten von Mutter Erde isolierte, konnte man auf den kältesten Steinplatten stundenlang stehen, ohne kalte Füße zu bekommen. Kalte Füße sind für Helden ebenso unangenehm wie für gewöhnliche Menschen. Doch ist die kriegerische Leistungsfähigkeit einer Zeitung auch damit nicht erschöpft. Es gibt noch eine Möglichkeit, die Zeitung zu verwenden. Von allen Soldaten wird sie auf das höchste geschätzt. Das findet statt, wenn er sie zitzerlweis' verwendet. Hier endlich tritt auch die Möglichkeit auf, die Zeitung zu lesen. Wenn der Soldat friedlich, einem Huhne gleich, auf der Stange hockt, nimmt er gern an den literarischen Produktionen teil, welche die Heimat hervorbringt. Die zitzerlweise Verwendung verleiht der Literatur den Charakter des Fragmentarischen. Für einen Helden entsteht daraus die neuartige und schwierige Aufgabe, auch eine in vier gleiche Teile zerrissene Literatur noch zu verstehen. Nirgends sonst werden so viele Autoren in der Luft zerrissen als da, wo der Soldat friedlich, menschlich, der Hierarchie des Ranges entrückt, mit sich selbst beschäftigt ist. Im Hinblick auf diese militärische Zwangslage versucht der Autor sein möglichstes zu tun.

Der erste, dessen wir gedenken müssen, ist der Mars. Das liegt insofern nahe, als der Mars uns seit Jahrzehnten nicht so nahe gestanden hat. Freilich hat auch diese Annäherung immer noch nicht zur Klärung der Frage geführt, ob der Mars bewohnt ist oder nicht. Wollte man es annehmen, träte alsbald der Wunsch auf, den fernen Bewohnern dieses Sterns ein Zeichen zu geben, auf das sie antworten könnten. Die Marskanäle, die man so lange mit so viel Aufmerksamkeit beobachtet hat, können auch Naturerscheinungen sein. Aber wenn die Marskanäle einmal eine sinnvolle Figur zeigten, würde dann nicht die Frage, ob nicht auch dieser Stern bewohnt sei, ihre Klärung finden? Wenn die Marsbewohner hervorragend gute Fernrohre hätten, könnten sie zur Zeit auf ihrem Nachbarstern, der Erde, sehr merkwürdige Erscheinungen wahrnehmen. Sie würden feststellen müssen, daß dasjenige Stück Land, das von uns Europa genannt wird, eine Veränderung durchgemacht hat. Während es bisher nachts ziemlich gleichmäßig erhellt war, liegen jetzt große Gebiete im Dunkeln. Nun stelle man sich einen Marsgelehrten vor, der diese Erscheinung beobachtet hat und eine Erklärung dafür geben soll. Man wird sogleich erkennen, welche Schwierigkeiten die Aufstellung wissenschaftlicher Hypothesen bereitet. Was für ein Genie wäre der Mann, der aus seiner Phantasie heraus die richtige Erklärung für diese Erscheinung fände! Aber man wird sogleich auch sehen, wie fruchtbar Hypothesen sein können, wenn sie richtig sind. Unversehens nämlich käme unser Marsgenie auch noch zu einer ganz brauchbaren politischen Karte Europas. Natürlich würde der geniale Einfall unseres Marsgelehrten von seinen Kollegen, die Fachmänner für Erde sind, für vollkommen verrückt erklärt werden. In seinem hohen Alter – Marsmenschen werden weit über dreihundert Jahre alt – würde der gelehrte Mann dann glänzend gerechtfertigt werden durch den Einfall eines Wiener Astronomen. Dieser Einfall ist jetzt hundert Jahre alt. Wir haben also noch einmal gut hundert Jahre Zeit, ihn auszuführen.

Professor Littrow in Wien war auf den Einfall gekommen, auf die Fachgenossen vom Mars eine Methode anzuwenden, die eine klar verständliche Frage enthielt. Diese Frage könnte der Mars beantworten. Auf diese Weise erführen wir endlich, ob er nun bewohnt ist oder nicht.

Schon damals wurde der Gedanke diskutiert, etwas Mittelmeer in die Sahara fließen zu lassen, eine Sache, die unterdessen als durchführbar berechnet worden ist. Aber unser Wiener Freund, der an seinen Marskollegen dachte, überlegte sich, daß auch das dem Mann im Mars nichts nützen würde. Seine Gegner, die dieses gewaltige technische Werk für eine Naturerscheinung erklären würden, wären nicht zu widerlegen. So kam er auf folgenden wunderbaren Gedanken. Er schlug vor, man solle in der Wüste Sahara in einer Größe, die für gute Fernrohre vom Mars aus erkennbar sein müßte, die Figur des Pythagoräischen Lehrsatzes in Licht darstellen unter Weglassung des Quadrats über der kleinen Kathete.

Man stelle sich die Freude des greisen Marsgeheimrats vor, der schon Anno 39 die Verdunklungserscheinungen in Europa richtig gedeutet hatte, wenn eines Tages die Marsjournale die Nachricht brächten vom Aufleuchten des unvollkommenen Pythagoras in der Wüste. Alsbald würde man ihn zum Ehrenpräsidenten des Kathetenquadrats wählen, und statt irgendwelcher Kanäle würde uns wenige Wochen später der vollkommene Pythagoras vom Himmel leuchten. Dann würden auch wir unsererseits das Kathetenquadrat ergänzen und dann endlich wüßten wir voneinander, daß es uns gibt. Was immer auch einer sich ausdenken könnte, den Marsbewohnern ein Zeichen zu geben, ich glaube nicht, daß jemand eine einfachere und zwingendere Idee haben könnte, als Professor Littrow in Wien sie hatte. Das heißt man, der Natur einen mathematischen Handstreich zu spielen. Leider, die einfachen und zwingenden Ideen fallen den Menschen nur selten ein, und wenn sie ihnen einfallen, lassen sie hundert Jahre darüber vergehen, ehe sie sie ausführen. Aber vielleicht lassen Marsmenschen, weil sie dreihundert Jahre alt werden, über einer guten Idee fünfhundert Jahre verstreichen, ehe sie sie ausführen. Bis zum Marsgeplauder bleiben der Menschheit noch ein, zwei Saecula Zeit. So lange müssen wir Geduld haben. Bis dahin heißt's halt, von der Stange plaudern – zitzerlweis'.

Der Apfel des Paris

Der großartigste und unheimlichste Zauber der menschlichen Geschichte ist das Gold. Ein einziger goldener Apfel in der Hand eines trojanischen Königssohnes erzeugte stärkere Spannungen im östlichen Mittelmeer als selbst das Mossulöl. Sie führten zu einem zehnjährigen Weltkrieg, der seinesgleichen nicht hat. Die blendende Reportage des damals einzigen auf den Kriegsschauplatz entsandten Sonderberichterstatters lesen verdrehte Leute noch heute mit Begeisterung. Sie war nicht in die Schreibmaschine diktiert. Die damals übliche Form der Berichterstattung war der Hexameter. Wenn dieser Report auch nicht nach anderthalb Stunden von der ganzen Welt drahtlos mitgehört wurde, die damaligen Sendemethoden waren so hoch entwickelt, daß die Nachrichten in Hexametern noch nach mehr als dreitausend Jahren auf der ganzen Welt mit Achtung und Aufmerksamkeit verfolgt werden. Freilich, niemals wieder hat man etwas von dem goldenen Apfel vernommen, der das ganze Unheil angerichtet hat, welches dem Sonderberichterstatter einen so homerischen Ruhm einbrachte.

Möglich ist es, daß in dem goldenen Ring, den Ihre Frau Großmutter trägt, etwas von dem Gold enthalten ist, aus dem der Apfel des Paris von Hephaistos geschmiedet worden war. Gold geht nicht verloren. Man darf annehmen, daß irgendein griechischer Held in den rauchenden Trümmern des Tempels der Aphrodite den zu einem goldenen Klumpen geschmolzenen Apfel entdeckt und in seinen Beutesack gesteckt hat. Vom Sturm vertrieben ist er bei Cypern mit seinem Schiff untergegangen. Fischer haben Jahrhunderte später den Goldklumpen mit einem Netz aus dem Meer gezogen und ihn ehrerbietig dem Statthalter abgeliefert, der ihn nach Alexandrien schickte.

Wissen wir, ob nicht der goldene Becher, in dem Kleopatra die in Wein gelöste Perle dem Antonius anbot, aus dem Golde des Parisapfels bestand? Wir wissen es nicht; aber dem, der nur ein wenig an Schicksal zu glauben vermag, erscheint es in hohem Maße wahrscheinlich.

Man darf auch vermuten, daß Kleopatra, diese noble Lady, den Becher dem Antonius geschenkt hat. So ist er nach Rom gekommen, um im Nachlaß des Antonius versteigert zu werden. Der Vater des Quintilius Varus hat ihn um billiges Geld gekauft. Sein Sohn hat ihn, ein pietätvoller Zug, immer als Andenken an sein Väterchen mit sich geführt. Sowohl der Fürst der Cherusker als auch der General der Kavallerie Exzellenz Segest haben zuweilen auf das Wohl des Kaisers Augustus daraus getrunken.

Der geneigte Leser ahnt schon, wie der Becher nunmehr im Teutoburger Wald verschwinden wird. Immer wieder kehrt das Gold in die Erde zurück oder in das Meer, woher es gekommen ist. Immer wieder, wie der Riese Antaios von seiner Mutter Gaia, holt es sich neue Kraft aus dem Dunkel, aus dem es stammt. Immer wieder, wie Aphrodite die Schaumgeborene, richtet es neues unermeßliches Unheil an, wenn es in seinem alten Glanz aus der Tiefe wieder emporsteigt.

Gold bedeutet Glück und Unglück zugleich. Gold hat Byzanz groß und reich gemacht. Gold hat es ins Verderben gestürzt. Gold hat dem Reiche des Montezuma seinen Glanz gegeben. Gold führte seinen Untergang herbei. Aus Gold macht der Mensch den edelsten Schmuck, die heiligen Meßgeräte, den Ring. Es ist dasselbe Gold, das in den Tresors der Staatsbanken als stolzer Kriegsschatz liegt und sich so leicht in Waffen, Unheil und Tod verwandelt.

Viele hundert Jahre lang liegt unser Becher im Moor des Teutoburger Waldes wie vordem im Meer bei Cypern, bis fromme Mönche den Wald urbar machen und den Becher finden. Allabendlich trinkt der ehrwürdige Abt aus dem Becher der Kleopatra seinen Abendtrunk. Noah belächelt al fresco von der Wand des Refektoriums diese heidnisch-christliche Harmonie. Als im Dreißigjährigen Krieg die Schweden das Kloster niederbrennen, wandert das Gold des Paris zum zweitenmal in den Beutesack eines Soldaten. Er weiß nichts von Aphrodite; aber doch läßt er seiner Liebsten einen schönen Halsschmuck daraus anfertigen. Die ging

231

ihm davon und freite einen braven Wirt im Spessart, der den Tand verkaufte und eine neue Scheune für sein Winterheu davon erbaute.

So kam der Apfel des Paris wieder in die Schmelze. Der Kurfürst von Hessen ließ Dukaten daraus schlagen. Einer dieser Dukaten geriet im Brustbeutel eines hessischen Soldaten in den amerikanischen Freiheitskrieg. Dem braven Hessen wurde im Gefecht am Red River das Bein zerschmettert. Er wäre elend zugrunde gegangen, wenn ihn Onkel Tom nicht in seine Hütte aufgenommen und wieder gesund gepflegt hätte. Der Soldat schenkte Onkel Tom den Dukaten.

Wiederum eine Zeit später ließ sich ein Nachfahre Onkel Toms aus dem unnützen Dukaten einen nützlichen Eckzahn bauen. Selbst in dieser niederen Stellung noch blieb der Zauber der Aphrodite ungebrochen. Alle schwarzen Mädchen von St. Louis fanden das goldene Lächeln des braven Negers unwiderstehlich. Die Liebe stürzte den schwarzen Paris in so unermeßliche Unkosten, daß er seinen goldenen Eckzahn verkaufen mußte. Wiederum kam das alte Gold in die Schmelze. Es wurde zu dem Ring, den der Großvater von seiner Reise nach Amerika seiner lieben Frau mitbrachte. So trägt Großmütterchen an einem Finger ihrer linken Hand den Apfel des Paris, den Becher der Kleopatra, die Halskette der Wirtin aus dem Spessart, den Dukaten des Kurfürsten von Hessen, den Eckzahn von Onkel Toms Urgroßneffen.

Welcher von ihren liebreizenden Enkelinnen wird sie den Ring einmal vererben?

Der Katzentatzensatz

„Des Menschen Leben wird verklärt von Hoffnungen, die durch Erfahrungen enttäuscht werden!"
Wenn man das so hört, scheint es ein weiser Spruch zu sein. So einen Spruch zu feilen sitzt der Schriftsteller drei Stunden an der Hobelbank seiner Weisheit. Dann klopft er sorgfältig seine Pfeife aus, um sich hochbefriedigt eine neue anzuzünden. Unglücklicherweise hat aber die Katze, die noch jung ist, mit dem Tabaksbeutel gespielt. Er ist verschwunden. Während der Schriftsteller sich neuen Tabak beschafft, spielt die Katze mit dem Satz. Als der Schriftsteller an die Hobelbank der Weisheit zurückkehrt, haben die Katzentatzen den Satz durcheinandergebracht. Der Katzentatzensatz lautet: „Des Menschen Leben wird enttäuscht von Erfahrungen, die durch Hoffnungen verklärt werden."
Die Katze, ganz offenbar, ist mit Milch aus Till Eulenspiegels Feldflasche großgezogen worden. Ob man seine Hoffnungen durch Erfahrungen enttäuschen läßt, oder ob man seine Erfahrungen durch Hoffnungen verklärt, das ist die alte Frage, ob man pfeifen soll, wenn es bergauf geht, oder ob man pfeifen soll, wenn es bergab geht. Glücklich zu werden ist des Menschen Streben hienieden. Aber glücklich sein kann man nur in der Gegenwart. Der Mensch hat das Talent für Gegenwart verloren. Er ist ein Vogel Strauß, der den Kopf in den Sand der Zukunft steckt. 1944, als der Weltkrieg II in seinen letzten Zügen lag, hatten die Pessimisten ihre Glanzzeit. Nun stellen wir uns einmal vor, daß ein

Journalist der himmlischen Widerstandsbewegung in der Silvesternacht 1944 eine Morgenzeitung verteilt hätte, die erst sieben Jahre später erscheinen sollte. Es wäre die Morgenzeitung vom 1. Januar 1952 gewesen. Die Nachrichten wären jedermann als ein glänzender Witz erschienen. Selbst Optimisten hätten sich göttlich amüsiert.

Springen wir sieben Jahre zurück. 1937 war die Glanzzeit der Optimisten. Hätte der himmlische Zeitungsmann am Silvesterabend 1937 eine Morgenzeitung vom 1. Januar 1945 verteilt, selbst die Pessimisten hätten gelacht.

Es handelt sich nicht darum, ob man enttäuschter Optimist, oder verklärter Pessimist sein will. Es handelt sich einfach darum, tapfer zu sein.

Das Leben ist voll von großartigen Bemühungen und voll von schrecklichen Katastrophen, voll von Tränen und voll von Gelächter, überquellend von Liebe, Hunger und Torheit, reich an Gedanken und an Verbrechen, überströmend von Schönheit und von Verzweiflung, ein unerhörtes Panorama von Helden und Feiglingen, von Weisen, Dichtern und Scharlatanen, ein wilder Dschungel von Entgleisten und Verlorenen, von Barbaren und Missionaren, eine Tribüne von Schwätzern, Propheten, Managern und Krämern, ein Markt der Eitelkeiten, eine Wüste der Dummheit, ein Garten der Frömmigkeit.

Durch diese ungeheure Landschaft muß der Mensch sich durchschlagen. Und der Mensch, der sein Glück sucht und niemals findet, er schlägt sich durch, tapferen Herzens.

Als Till Eulenspiegel den Katzentatzensatz vernahm, bückte er sich, hob die Katze auf und streichelte sie zärtlich.

Tränen in Woronzowka

Weihnachten 1943 saßen wir im Kessel der Krim. Ich war damals Chef einer pferdebespannten Sanitätskompanie. Der Hauptverbandsplatz lag in einer Fabrik nördlich Ishun auf der Landenge von Perekop, der Troß in einem Dorf etwa zehn Kilometer südwestlich davon in der Steppe der Nordkrim. Woronzowka hieß das Dorf. Es bestand aus zwei Dutzend Lehmkaten, in denen die Soldaten sich im Lauf der letzten Wochen behagliche Quartiere eingerichtet hatten. Mensch und Tier hausten eng beieinander. Die Ställe der Pferde waren warm und behaglich, wie Ställe so sind. Wahrscheinlich ist auch der Stall von Bethlehem warm und behaglich gewesen. Mit meinem Hauptfeldwebel zog ich von Quartier zu Quartier, die Männer an diesem Abend zu besuchen. Die Frontlage war verhältnismäßig ruhig. Kleine Weihnachtsbäume waren aufgestellt worden, von Soldatenhänden liebevoll geschmückt. Nach langer Zeit wurden auch Bilder der Frauen und Kinder wieder einmal aus den abgewetzten Brieftaschen hervorgeholt. Wir saßen im Quartier der Fahrer – Bauernsöhne aus Pommern und Mecklenburg, rauhe, ehrliche Burschen. Die meisten von ihnen haben erreicht, wonach sie sich damals so bitter sehnten. Sie haben das Glück gehabt, in die Heimat zurückzukehren – nach Pommern und Mecklenburg! Erst sangen die Männer Weihnachtslieder. Aber Weihnachtslieder in dieser Lage? Im dritten Jahr in der Steppe der Verlorenheit? Beim zweiten Vers von „Stille Nacht, heilige Nacht . . .‟ konnten sie nicht mehr weiter. Alte Pferdeknechte fingen an zu weinen wie Kinder. Da sie nicht schluchzen mochten, was sie doch so gern getan hätten, liefen ihnen die Tränen als kleine Bäche über die Gesichter. Ich habe wenige Dinge erlebt, die schlimmer anzusehen gewesen wären als diese Tränen des Elends und der Verzweiflung, die Tränen in Woronzowka am 24. Dezember 1943. Natürlich gab es an diesem Abend reichlich zu trinken. Die Verwandlung von Gefühlen in Ressentiments, indem man mit Rauschmitteln nicht kleinlich ist, hat schon immer zu den feineren Künsten der politischen Psychologie gehört. Diesmal schlug das Mittel fehl. Das Gefühl gegen das Ressentiment zu schützen, vermag nur die Ironie.

Es war ein Rohling, ein Rohling mit Zartgefühl, der sich der verzweifelten Tränen der Männer in Woronzowka erbarmte. Nachdem er noch einige Gläser vom Heiligabendschnaps getrunken hatte, stimmte er mit seinem kräftigen Baß eines der alten, wüsten Lieder an, die betrunkene Seeleute und Soldaten seit jeher so gerne singen. Ein wüster Shanty am Abend der Geburt Jesu Christi!

Konnte ich das dulden? In einer solchen Situation hängt natürlich alles davon ab, ob der Chef das billigt und mitsingt oder nicht. Zuweilen muß man mit den Wölfen heulen. Aber zuweilen auch muß man mit den Herzen heulen.

Der Rohling mit dem Zartgefühl war der Obergefreite Kubatz aus Frankfurt an der Oder. Er war ein Athlet, ein prachtvoller Kerl, glänzender Pferdepfleger und ein guter Kamerad. Wenn irgendwo Verwundete lagen, zu denen man wegen des Schlamms oder wegen des Beschusses mit den Motorsanitätswagen nicht hingelangen konnte, fuhr Kubatz mit seinen Rössern in die Nacht hinaus und holte sie. Im Lauf der Jahre mögen es zwanzig, dreißig Verwundete gewesen sein, zwanzig, dreißig Menschenleben, die ohne seinen Mut, seine Hartnäckigkeit und sein glänzendes Orientierungsvermögen irgendwo in einer verlorenen Ecke des Schlachtfeldes elend zugrunde gegangen wären. Er hat sie gerettet. Sollte ich sein Zartgefühl kränken, nur weil diesem Zartgefühl bessere Ausdrucksmittel nicht zur Verfügung standen? Als der Obergefreite Kubatz das wüste alte Lied anstimmte, sah er mich an. Ich habe mitgesungen.

Drei Monate später ist der Obergefreite Kubatz im Schwarzen Meer ertrunken mit einem Schiff, das, von Flugzeugen in Brand gesteckt, in Flammen auf-, im Wasser unterging.

Am späten Abend fuhr ich zum Hauptverbandsplatz zurück. Ich fuhr in einer Steppenkalesche, einem dieser russischen, für den Schlamm so brauchbaren Fahrzeuge mit ihren riesengroßen Rädern. Hinter Ishun wurde plötzlich der Nebel so dicht, daß wir keine drei Meter weit mehr sehen konnten. Die Steppe hat außer einem Filigran sich kreuzender

Radspuren keine Merkmale. Eine Weile irrten wir im Nebel umher. Schließlich ließen wir den Rössern die Zügel lang. Ohne auch nur einen Augenblick zu zögern, machten die braven Panjepferdchen sich auf den Weg und brachten uns nach Hause.

Die Verwundeten, die an diesem Abend kamen, wurden natürlich unbeschreiblich verwöhnt. Und doch, fast mußten wir sie ein wenig beneiden. Sie wurden mit dem Flugzeug aus dem Kessel in die Heimat ausgeflogen. Selbst ein Schuß durchs Kniegelenk war eine Art Gunst des Schicksals, der Preis, ein hoher Preis, für die Fahrkarte in ein künftiges Leben statt der fast sicheren Aussicht auf russische Gefangenschaft. Ein Knieschuß als Weihnachtsgeschenk des Schicksals!

Kurz vor Mitternacht machten die Russen einen überraschenden Angriff. Für eine Stunde flammte am Horizont das Artilleriefeuer wieder auf. So konnte das Schicksal noch manchem seine Weihnachtsgunst erweisen. Einige von ihnen freilich mußten wir am anderen Morgen begraben.

Sicherlich gibt es vom 24. Dezember 1943 noch andere Aspekte. Auch an diesem Abend sind irgendwo auf der Welt Kinder glücklich gewesen. Aber bei uns, im Osten, war es damals so. Ist das nun ein Abend gewesen, der würdig war der Erinnerung daran, daß vor 1943 Jahren Gottes Sohn das Dunkel der Welt erblickt hatte?

Ich wage nicht, das zu sagen. Aber Menschen, die wahrhaft verzweifelt sein können, sind, auch wenn sie niemals dahin gelangen werden, dem Stall von Bethlehem immer noch etwas näher als die, welche ohne die geringsten Zeichen von Verzweiflung mit einer „Constellation" 9 Uhr 50 ab Flugplatz, Rollfeld 8, 30 Prozent Ermäßigung für den Rückflug, stracks sich an den sehenswerten Ort begeben.

Der Glanz des Menschen ist ein oberflächliches Elend. Das Elend des Menschen hat einen tiefen Glanz. Pascal, der christlichste aller Franzosen, hat gesagt:

„Das Elend des Menschen ist nur ein Beweis seiner Größe. Es ist das Elend eines großen Herrn, das Elend eines gefallenen Königs."

BIBLIOGRAPHIE

Drei Dispute
Conrad-Martius – Curt Emmrich
Hochland-Bücherei, München 1951

Die unsichtbare Flagge
Kösel-Verlag, München 1952

Die kleine Weltlaterne
Deutsche Verlags-Anstalt, Stuttgart 1953

Frühe Stätten der Christenheit
Kösel-Verlag, München 1955

Ex Ovo. Essays über die Medizin
Deutsche Verlags-Anstalt, Stuttgart 1956

Welten des Glaubens
Thames & Hudson, London und
Droemersche Verlagsanstalt, Zürich 1959

An den Küsten des Lichts
Kösel-Verlag, München 1961

Anarchie mit Liebe
Deutsche Verlags-Anstalt, Stuttgart 1962

Alexander oder Die Verwandlung der Welt
Droemersche Verlagsanstalt, Zürich 1965

Werke Band I und II
Droemersche Verlagsanstalt, Zürich 1967

Alexander der Große. Ein königliches Leben
Droemersche Verlagsanstalt, Zürich und
Thames & Hudson, London 1968

Adam und der Affe
Deutsche Verlags-Anstalt, Stuttgart 1969

Eines Menschen Zeit
Droemer Knaur Verlag
Schüller & Co, Zürich 1972